基金来源：华侨大学"华侨华人研究"专项基金资助项目

项目编号：HQHRZD2018-03

东南亚华侨华人女性创新创业研究

以当前移动互联网新时代和海外华侨华人第四次产业转型为背景，
采用案例分析、访谈调研、实证分析等研究方法，
深入梳理、挖掘、解析东南亚华侨华人女性创业发展历史、影响机制与对策建议。

杨树青 ◎ 著

中国言实出版社

图书在版编目(CIP)数据

东南亚华侨华人女性创新创业研究 / 杨树青著 . --
北京：中国言实出版社，2021.12
　　ISBN 978-7-5171-3930-0

　　Ⅰ.①东… Ⅱ.①杨… Ⅲ.①华侨－女性－创业－研
究－东南亚②华人－女性－创业－研究－东南亚 Ⅳ.① F249.33

中国版本图书馆 CIP 数据核字（2022）第 002532 号

东南亚华侨华人女性创新创业研究

总　监　制：朱艳华
责任编辑：罗　慧
责任校对：李　岩

出版发行：中国言实出版社
　　　　地　址：北京市朝阳区北苑路180号加利大厦5号楼105室
　　　　邮　编：100101
　　　　编辑部：北京市海淀区花园路6号院B座6层
　　　　邮　编：100088
　　　　电　话：64924853（总编室）　 64924716（发行部）
　　　　网　址：www.zgyscbs.cn　E-mail：zgyscbs@263.net

经　　销：新华书店
印　　刷：廊坊市海涛印刷有限公司
版　　次：2022年2月第1版　 2022年2月第1次印刷
规　　格：710毫米×1000毫米　1/16　12.25印张
字　　数：200千字

定　　价：58.00元
书　　号：ISBN 978-7-5171-3930-0

《东南亚华侨华人女性创新创业研究》
课题组成员

组　长　杨树青

副组长　林春语　郭惠玲

成　员　刘翠丽　郭　蕾　李惠梅　纪诗诺

课题组成员介绍

杨树青，1963年11月生，北京平谷人，经济学学士。现为华侨大学工商管理学院教授、市场营销管理硕士生导师，同时指导MBA研究生。主要从事市场营销管理领域的研究，在高校从教30多年，累计发表学术论文30余篇，主编教材《消费者行为学》《物流管理学》，主持和参与多项国家、省部级、市级以及企业的科研课题。

林春培，厦门大学管理学学士，华南理工大学管理学博士。现任华侨大学工商管理学院教授、博士生导师，工商管理系党支部书记。先后主持国家自然科学基金委、中国侨联、福建省社科联和科技厅等项目10余项；在《管理世界》《科研管理》《科学学研究》等CSSCI、SSCI检索期刊发表论文30余篇，其中，被新华文摘全文转载和论点摘编各1篇，被人大复印全

文转载5篇；研究成果曾获广东省哲学社会科学优秀成果一等奖1次（排名第三）、福建省社会科学优秀成果三等奖1次（排名第一）。

郭惠玲，1977年9月生，现为华侨大学工商管理学院副教授，2013年毕业于厦门大学管理学院企业管理专业，获管理学博士学位，主要研究方向为企业网络、营销战略和企业创新管理。目前，已出版专著《基于企业网络视角的自适应营销能力研究》一部，在"Journal of business research"、《科研管理》、《厦门大学学报》等国内外杂志和会议上发表论文20多篇。

刘翠丽，广东惠州人，毕业于华侨大学工商管理学院，研究方向为消费者行为学，毕业论文为《非交易类虚拟社区UGC情感特征对消费者在线行为影响研究——基于产品类型的调节作用》，专注于研究在线UGC如何影响消费者线上阅读行为。

郭蕾，河北雄安人，华侨大学工商管理学院在读研究生。本科就读于华侨大学工商管理学院市场营销系，目前研究方向为消费者行为。

纪诗诺，1996年9月生，辽宁沈阳人，华侨大学工商管理学院在读研究生。本科就读成都理工大学电子商务专业，研究方向为市场营销、电子商务等。

李惠梅，1998年2月生，湖南娄底人，华侨大学工商管理学院在读研究生。本科就读于南华大学会计专业，目前研究方向为市场营销。

有海水的地方，往往有华侨华人的身影。

国人移居海外，历史悠久，足迹遍及世界各地。19世纪初海外侨胞已经达到了100多万，华侨华人资本已经有100多亿美元，到了20世纪50年代初期，海外侨胞1700万人，资本有近1000亿美元。到了1979年改革开放初期，海外侨胞接近3000万，资本接近3000亿美元①。进入21世纪，海外侨胞的人数已经增长到6000多万人，分布在世界近200个国家和地区，其中华侨600多万，外籍华人5000多万，资本达到了50000亿美元。②

国人移居海外，融入居住国，做居住国与祖籍国的"自己人"。华侨华人的发展，得益于中国长期坚持的"三个有利于"侨务政策，就是有利于海外华侨华人长期生存和发展，有利于发展我国同华侨华人居住国的友好合作关系，有利于推进我国现代化建设和祖国统一的原则，有利于海外华侨华人

---

① 据2007年6月22日第七届中国经济论坛。

② 2018年国务院关于华侨权益保护工作情况报告。

长期生存和发展及中外友好合作关系的建立。欧洲华商联合会会长、欧洲华商商学院执行院长戴小璋提出的"三创"说，就是海外华侨华人应该在发展自己的同时，为当地社会创税收、创就业和创市场（开拓中国市场或第三方市场）。只有在这个前提下，才能讨论华侨华人在文化、经济、社会乃至政治等各个领域的独特作用。

国人移居海外，华人的职业生涯是以菜刀、剪刀、剃刀"三把刀"起家的。到20世纪初，华侨资本首先在小商贩、中介商和承包商中产生，并以商业资本的形态出现，形成第一次的经济转型。第二次世界大战后，东南亚国家纷纷独立，华侨入籍成为华人，实现由"落叶归根"向"落地生根"的转变。华侨华人资本纷纷由商业领域进入工业和金融等服务业领域，重点发展轻纺工业以及房地产、酒店、银行等现代服务业，开始了第二次的经济转型。到20世纪90年代末，东南亚金融危机，华侨华人企业通过产业转型和债务重组，重点发展比较优势产业和高新技术产业，实现了第三次的经济转型。进入21世纪，人类社会进入"大、智、移、云、区、物、平"新时代，全球海外华侨华人所依赖的经济全球化红利、人口红利、房产红利正在消失，人才红利、"一带一路"红利、改革创新创业红利正在兴起，面对新形势、新模式、新经济、新业态，海外侨胞的产业结构和经济必然出现第四次转型和变迁。

国人移居海外，需要有学者总结、凝练、提升。本书正是基于当前移动互联网新时代和海外华侨华人第四次产业转型为背景，采用案例分析、访谈调研、实证分析等研究方法，深入梳理、挖掘、解析东南亚华侨华人女性创业发展历史、影响机制与对策建议。我相信，如果您对华侨华人女性创业感兴趣，如果您对在东南亚投资感兴趣，如果您对"一带一路"倡议有效实施感兴趣，本书非常适合您。

国人移居海外，融入世界，与中国改革开放休戚相关。正如欧美同学会副会长王辉耀所言，改革开放四十多年我们是靠华侨华人把世界引向中国，未来应更加重视华侨华人把中国引向世界这一渠道的作用。期待杨树青教授团队将该主题持续深入研究，预祝并相信杨教授取得更加丰硕的成果。

　　是为序。

衣长军

管理学博士

华侨大学工商管理学院教授

企业管理专业博士生导师

国际企业管理研究中心主任

二〇二〇年七月

目录
Contents

第 一 篇

第 二 篇
东南亚华侨华人女性创新创业影响因素分析

第 三 篇　案例合集

附　录

第 一 篇

第 1 章　绪　论

1.1　课题研究背景

全球化的时代使得世界各国在经济、政治以及文化等各方面的联系愈加紧密。据世界银行公布的估算数据，2010年中国成为世界第二大经济体，GDP总量为58786.29亿美元，仅次于美国，中国的国际地位发生了显著变化。据中华人民共和国商务部、国家统计局、国家外汇管理局的统计，在2010年，中国的对外直接投资净额为688.1亿美元，到2017年，中国对外直接投资净额为1582.9亿美元，2018年中国的对外直接投资净额已经上升至1430.4亿美元，成为全球第二大对外投资国，逐渐由过去的对外直接投资主要接受国转变为对外投资输出国。

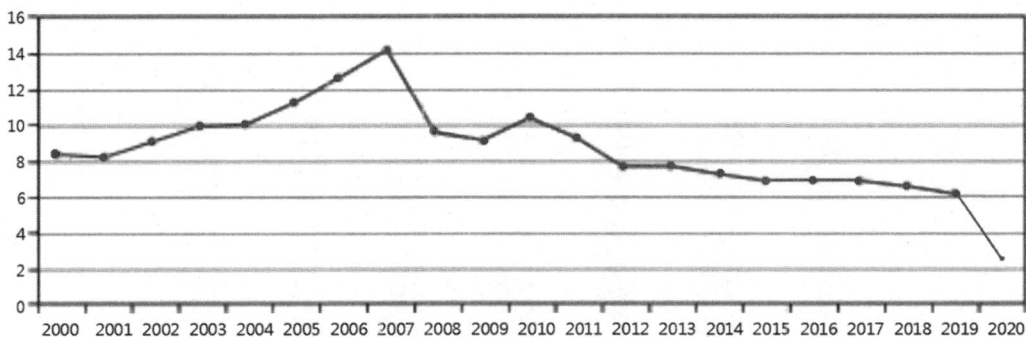

图 1.1　2000—2020 年我国 GDP 增速趋势图

资料来源：中国历年 GDP 年度增长率 [EB/OL]. 快易理财网，www.kylc.com/stats/global/yearly_per_country/g_gdp_growth/chn.html.

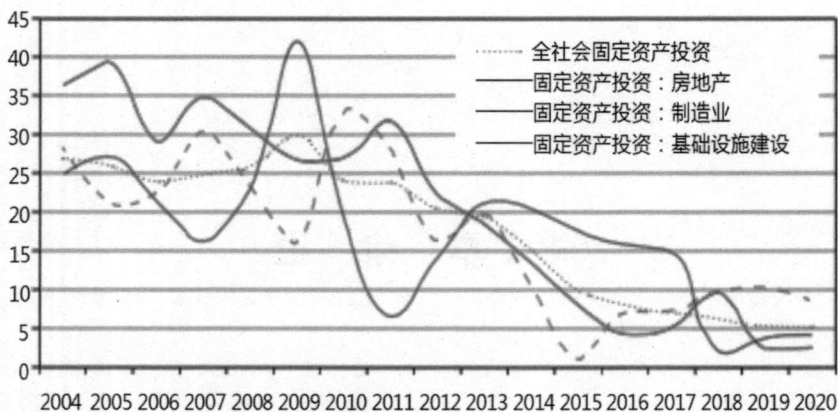

图 1.2　2004—2020 年我国固定资产投资增速趋势图（%）

资料来源：新浪财经。

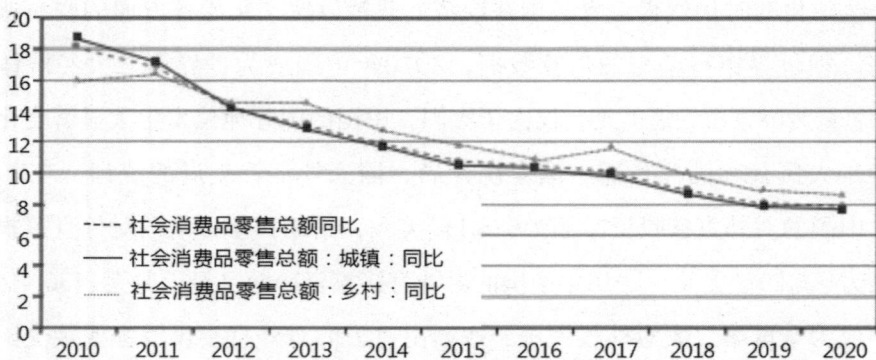

图 1.3　2010—2020 年我国消费增速趋势图（%）

资料来源：新浪财经。

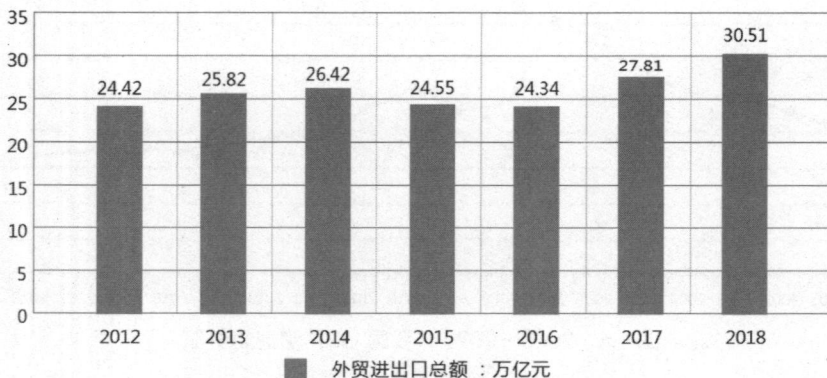

图 1.4　2012—2018 年中国外贸进出口总额图

资料来源：产业信息网。

表 1.1　中国国内生产总值指标数据

国内生产总值	近期数据	参考日期	前次数据	范围
国内生产总值增长率（%）	1.6	2019年6月	1.4	1.4—2.4
国内生产总值年增长率（%）	6.2	2019年6月	6.4	3.8—15.4
国内生产总值（美元-10亿）	13608	2018年12月	12143	47.21—13608
国民生产总值（CNY-HML）	896916	2018年12月	820100	679—896916
固定资本形成总额（CNY-HML）	380772	2018年12月	349369	80.7—380772
人均国民生产总值（美元）	7755	2018年12月	7308	132—7755
人均国民生产总值（美元）（以购买力平价计算）	16187	2018年12月	15254	1522—16187
不变价国内生产总值（CNY-HML）	450933	2019年6月	213433	5263—900310
从农业GDP（CNY-HML）	23207	2019年6月	8769	649—64734
从国内生产总值建设（CNY-HML）	27466	2019年6月	10529	182—61808
从制造业的GDP（CNY-HML）	152994	2019年6月	72040	2208—305160
从GDP的服务（CNY-HML）	247743	2019年6月	122317	2213—469575
从GDP运输（CNY-HML）	20495	2019年6月	9553	393—40550

资料来源：产业信息网。

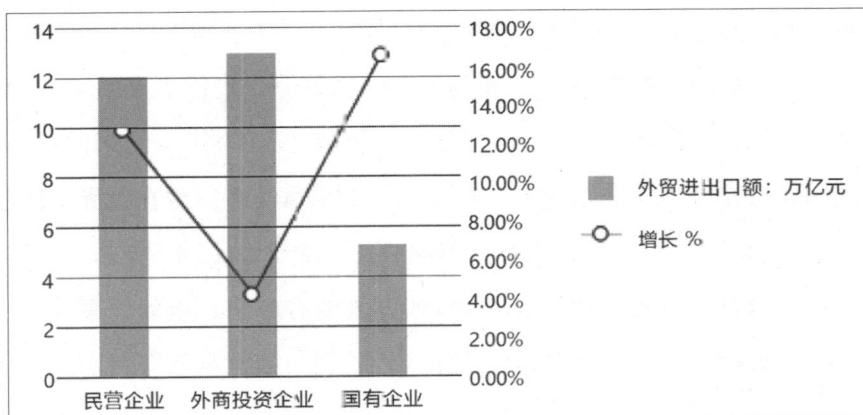

图 1.5　中国外贸进出口占比图

资料来源：产业信息网。

改革开放以后，国内积极采取"走出去"和"引进来"相结合的战略，增强了国际影响力，使中国在全球政治、经济中发挥了越来越重要的作用。中国的不断崛起，不仅带动了中华文化的传播，同时也为东南亚民众，尤其是华侨华人，带来了新的发展机遇。国家历来对侨务工作以及华侨华人十分重视，在十六大报告中将"侨务工作取得新进展"列入社会主义民主政治和精神文明建设所取得的显著成效之列；在十七大、十八大报告中均指出"支持海外侨胞、归侨侨眷关心和参与祖国现代化建设与和平统一大业"；同样，十九大报告中也指出"广泛团结联系海外侨胞和归侨侨眷，共同致力于中华民族伟大复兴"，报告不仅对新时代的侨务工作提出了一定的要求，同时也拓宽了未来对于华侨华人的研究空间。近年来，国内对于华侨华人的研究大多都是建立在"一带一路"倡议背景下进行的，因为华侨华人是多个国家经济、政治、文化交流等方面的纽带，他们在世界各地的行动能够对全球化时代的各行业的发展产生较大的影响，并且能够从某种程度上反映政治力量的抗衡。根据《世界移民报告》的数据可知，2015年，全球国际移民人数达到2.44亿，到2019年全球有2.72亿人为跨国移民，国际移民数量大幅上升，其中中国移民人数在跨国移民来源国中排名第3位，所以其相关研究也受到了广泛的关注。

截至2014年，在海外华人华侨有6000多万人，华侨华人广泛分布在世界五大洲的160多个国家和地区[①]。按国家和地区划分，华侨华人的85.5%集中在东南亚地区，仅印度尼西亚（731万）、泰国（610万）、马来西亚（528万）三国就有1869万人，占世界华侨华人总数的30%多。现在世界上居住华侨华人100万以上的有印尼、泰国、马来西亚、新加坡、菲律宾、美国等13国。居住华侨华人10万人以上，不足100万人的有越南、缅甸、柬埔寨、印度、日本、英国、法国、俄罗斯、加拿大、巴西、澳大利亚等11国；居住华

---

① 资料来源：十二届全国人大二次会议新闻中心组织的"凝聚海内外中华儿女力量团圆中国梦"的网络访谈。

侨华人1万人以上，不足10万人的有文莱、老挝、朝鲜、韩国、尼泊尔、土耳其、沙特阿拉伯、荷兰、德国、比利时、意大利、毛里求斯、留尼汪、马达加斯加、南非、墨西哥、巴拿马、危地马拉、牙买加、特立尼达和多巴哥、多米尼加、秘鲁、阿根廷、厄瓜多尔、委内瑞拉、玻利维亚、巴拉圭、圭亚那、苏里南、新西兰、塔希提、西萨摩亚等32个国家和地区；居住华侨华人1000人以上，不足1万人的有26个国家和地区；居住华侨华人100人以上，不足1000人的有29个国家和地区。其余50多个国家和地区的华侨华人合计起来不过2000多人，多则几十人，少则三五人。按华侨华人的祖籍划分，广东籍占54%，福建籍占25%，海南籍占6%，其他省、市、自治区共占15%（其中以台湾、广西、山东、新疆、云南为主）。在东南亚，粤籍、闽籍和其他省市之比为5：3：2；而在亚洲以外，粤籍占绝大多数。若以方言划分，使用闽南（泉州）、广府（广州）、潮州、客家四种方言的人占海外华侨华人总数的80%左右。使用前三种方言的，每一种都超过500万人，后一种则约300万人。①

　　6000万海外华侨华人中，约1000万是改革开放后从中国走出去的新移民。新移民的增长不仅改变了海外华侨华人的地域分布，同时也重塑了世界海外华侨华人格局。新移民，尤其是投资移民的迅猛增长，使大量的新海外华侨华人在北美、欧洲、澳大利亚等地不断涌现。近些年，中国人国际移民的主要目的地为美国、加拿大、澳大利亚、韩国、日本和新加坡。据《中国国际移民报告（2015）》研究发现，2013年共有13.3万中国人获得美国、加拿大和澳大利亚的永久居留权，分别是美国71798人、加拿大34000人、澳大利亚27334人。与东南亚聚集着大量的老海外华侨华人不同，在北美和澳大利亚等地出现的大批以新移民为主的运营中小企业的新海外华侨华人，他们突破了老海外华侨华人以"三刀"（菜刀、剪刀、剃刀）为主的传统产业，大多从事现代服务业，部分还投资了科技型企业。同时，大型海外华侨华人

---

　　①　数据来源：《中国国际移民报告》。

企业主要集中于东南亚地区，如新加坡、泰国、马来西亚、印度尼西亚和菲律宾是大型海外华侨华人企业的集中地。海外华侨华人遍布世界，但经营大型企业的海外华侨华人大部分位于东南亚，这不仅因为东南亚海外华侨华人的历史最为悠久，已有200年的历史，而且地缘和文化也是重要的原因。新加坡、泰国、马来西亚、印度尼西亚和菲律宾五国的海外华侨华人资产占东南亚海外华侨华人资产总额的90%以上。[①]

当今，海外华侨华人在"一带一路"中发挥着桥梁的作用。海外华侨华人是目前全球最大的移民团体之一，华侨华人团体涉及贸易、科教和文化等领域，规模不断壮大、影响力日益扩大。而全球华侨华人中，有4000多万人口分布于"一带一路"沿线国家，其中新经济走廊是华侨华人人口数量最多的区域，占"一带一路"沿线国家所有华侨华人总数的95%以上。同时中新经济走廊也是华侨华人密度最高的区域，该走廊每100个人里就有6个是华裔，这一比例远超其他经济走廊沿线国家。统计资料显示，马来西亚正式注册的华人社团到2001年6月达7276个，泰国华人社团也有2000多个，菲律宾则有1000多个，日本有130多个，加拿大有400多个，美国有800多个，欧洲有近1000个。因此，在世界经济发展中华侨华人及其社团发挥了重要作用。[②]

华侨华人领导的海外华侨华人网络在"一带一路"沿线国家有较强的影响力。长期以来，中国与世界各国建立了稳固互信的合作关系，其中以华侨华人为桥梁的民间交流作为官方交往的有效补充，发挥了重要作用。首先，海外华侨华人具有一定的社会地位和影响力，其中"一带一路"沿线国家的华裔主要是经商群体，经济实力雄厚的海外华侨华人主要分布于中新经济走廊，涉及行业广泛，包括食品饮料、房地产、银行业、烟草航运等，为"一带一路"建设的顺利运行发挥着一定的作用。其次，华侨华人既传承了中华

---

① 数据来源：王耀辉，康荣平.《世界华商发展报告（2017）》[M]. 北京：中国华侨出版社，2017.

② 资料来源：贾益民，张禹东，庄国土.《华侨华人蓝皮书（2019）》[M]. 北京：社会科学文献出版社，2019.

文化的精粹，又汲取侨居国的文明和风土人情，能够游弋于两种文化之间，日益成为中华文化海外传播的重要窗口和力量。再次，华侨华人在国际贸易和交流中，具有通晓双边市场运作规则、拥有双边人脉关系和沟通渠道等优势，能够帮助中国企业把握投资方向，更快、更好地融入当地，减少贸易摩擦，在促进世界经济可持续增长的同时给华侨华人群体自身发展创造更好的条件、赢得更多主动权。

华侨华人家族慈善成为世界慈善事业中的一支重要力量。自1986年中国大陆第一家家族慈善基金会福建省泉州贤銮福利基金会成立以来，截至2018年底，我国共有家族慈善基金会268家，占全国基金会总量的4%，家族慈善成为中国以及世界慈善事业的一支重要力量。1980年，爱国华侨何瑶煌先生捐资兴建贤銮福利大厦，贤銮福利大厦租金和所有收益作为贤銮福利基金会的资金来源。何瑶煌和哥哥何瑶焜当时分别担任会长和永久会长，二人过世后家族成员继续管理运营，历任理事名单中都有何氏家族成员的名字；贤銮福利基金会于1988年设立"贤銮奖"，2018年有1174名优秀学生获得"贤銮奖"，奖学助学支出152.35万元。海外华侨华人谢国民家族通过个人和家族企业——正大集团进行捐赠，除了产业投资外，还特别注重参与社会公益事业，正大农牧食品、零售、制药、工业、地产、金融等事业板块都积极参与公益慈善和捐助捐赠，涵盖了教育、科研、文体、扶贫、救灾等领域，包括北京大学和清华大学等高校和科研院所，国家体育总局训练局，以及抗击非典、汶川地震、玉树地震、雅安地震等。

2020年初，一场罕见的新型冠状病毒感染肺炎疫情蔓延到世界各地，中国是抗击疫情战争的前线，北京《新京报》1月26日报道，湖北省几家医院向媒体透露了，医疗防护用品的紧缺情况。面对中国的疫情，世界各地的华侨和华人社区积极开展行动，支持武汉抗击疫情。澳华集团董事长邝元平在朋友圈发布了这样一条消息：现在有100箱口罩急需送往武汉市江岸区，哪个朋友有卡车资源？很快，有当地华人看到了这个消息，立即联系了他，并主动提出帮忙送货。澳大利亚湖北商会会长季建民表示，该协会已经成立了一个工作组，组织海外华人捐赠活动。《欧洲时报》报道，意大利各地的华侨社区自发组织捐款支持武汉的防疫前线，总部设在罗马的意大利宋庆龄基金会主席召集一群海外华侨举行在线会议，每个人都同意取消年会，并将所有费用捐给武汉，主席代表团的成员也纷纷捐款帮助。意大利华侨华人青年协会、意大利工会联合会，加拿大温哥华、蒙特利尔、多伦多等地的华侨华人社区积极发起行动支持祖国抗击疫情，中国新闻网报道为抑制"新型冠状病毒性肺炎"疫情蔓延，中国侨联26日发布建议，呼吁华侨捐赠资金和物资，打赢"新型冠状病毒性肺炎"防控战争。浙江省归国华侨联合会也发布了一项为抗击新型冠状病毒感染引起的肺炎捐赠资金和物资的提案，提议海内外浙江省华侨捐赠资金和物资，特别是医用耗材和防护用品。在东南亚，华侨华人也快速行动，支持祖国的抗疫。据泰国头条新闻社报道，泰国华人导游自愿捐赠80箱医用口罩，希望为武汉尽自己的一分力量。日本《关西华文时报》总编辑丛中笑呼吁日本华侨向武汉捐赠医用口罩，并得到当地华侨的积极响应。

华侨大学和社会科学文献出版社在北京共同发布了2019年《华侨华人蓝皮书》，中国华侨华人研究所副所长张秀明表示：华侨华人是中国发展的独特优势和宝贵资源，这种独特作用越来越受到肯定和关注。华侨华人融通中外，跨越两个世界，将来我们要强调两个并重，即不仅要发挥华侨华人对中国经济社会发展的作用，充分利用其在"一带一路"倡议中的枢纽地位，还要重视他们在当地的生存发展。蓝皮书指出，华侨华人家族慈善已经成为世界慈善事业中的一支重要力量，但由于种种原因，近几年华人社团在一些地区和国家的政治影响力有下降趋势，华人家族企业在经济转型下面临着企业转型发展与接班传承的双重考验。蓝皮书指出，华侨华人家族慈善深受中华传统文化的影响，一方面，文化规范要求他们必须关照新近从老家出来的人，并通过这种方式获得老家乡亲们的尊重，实现守望相助。另一方面，海外移民建立起虚拟的亲缘群体云加强族群内部的团结互助，进而求得异地的生存与发展。目前，华侨华人家族慈善主要以家族慈善基金会的形式进行慈善活动。随着全球化的进程和"一带一路"建设的推进，华侨华人家族慈善逐步打造出具有中西特色的发展模式，形成了华人的公益慈善文化氛围，具有丰富多样的治理结构和较为成功的代际传承，预示着华侨华人家族一代又一代将慈善事业做大做强。

海外华侨华人这样一个庞大的体系、遍布全球的人口分布以及越来越重要的作用等现象引起了许多研究者的重视。目前，国内外华侨华人研究主要侧重于学科建设、侨乡文化交流以及移民研究三个方面：

（1）国内对于华侨华人的研究始于清末，于1988年创办的《华侨华人历史研究》不仅是国内第一份以海外华侨华人为主要研究对象的专业学术期刊，同时也是国内刊载华侨华人研究成果数量最多的刊物，在华侨华人研究领域具有相当大的影响。于2003年北京大学华侨华人中心、教育部重点课题"华侨华人学科建设研究"课题组主办的"华侨华人学科建设学术研讨会"正是对其系统研讨的开端。此言有不少的学者对其学科定位、学科发展、研究对象以及研究方法进行了较为详实的研究，其中具有代表性的有中山大学国际关系学院范若兰教授和厦门大学南洋研究院沈惠芬教授。范若兰教授2005年出版的《移民、性别与华人社会：马来西亚华人妇女研究（1929—1941）》主要研究了移民马来西亚华人女性的教育、就业、婚姻和家庭模式等方面，沈惠芬教授在《1930—1950年代华侨留守妇女：东南亚的福建移民家庭》中研究了福建泉州华侨留守女性的家庭婚姻生活，这些对于华侨华人女性的研究都有较强的借鉴意义，但是只有极少数学者研究华侨华人女性创新创业（敖梦玲，2015）。

（2）国内某些华侨较多以及侨眷较为集中的地方被称为侨乡。李明欢从社会资本理论的角度研究了侨乡文化，进而深入研究了侨乡社会资本及其基本载体、运作机制以及效益特性；郑振满从跨国生存状态、侨乡社会权势的转移、侨乡社会文化的传承三个角度对闽南华侨进行研究，认为侨乡文化变迁呈现出国际化和地方化的特点。目前，关于侨乡的研究中，对于侨乡文化的研究占主流地位，其研究数量远远超过学者们对于侨乡社会、政治、经济的研究。

（3）华侨华人是国际移民的重要组成部分，随着全球化进程的加快，国际移民问题也越来越复杂，也得到了持续的关注。国内外对于国际移民的研究趋向于体现人文关怀精神、基于国家社会现象以及注重多元化路径三个方向。具体来说，其一是持续关注弱势群体。学者们主要是从医疗卫生、学校教育、家庭培养以及社会责任等角度研究华侨华人老年和青少年等弱势群体移民到其他国家以后的生存、发展问题，通过对各种社会现象进行分析，并结合社会学、医学、心理学等多种学科，就如何帮助华侨华人提高生活质量、维持身体健康以及如何帮助青少年适应移民后的生活、学习等问题，提出具有实用性的对策，具有较强的人文关怀精神，但从研究中可以看出，女性华侨华人得到的关注度并不高。其二，对国际移民的研究内容更加地贴近社会生活，注重基于国家社会现象来提出研究主题。其三，研究更加注重多元化路径，以前对于国际移民问题的研究更多是基于历史学，现今，很多的研究成果都应用了经济学、社会学、民族学等学科方法，这样也能够吸引不同学科背景的学者利用他们的研究特长来丰富对华侨华人的研究。

目前国内对于海外华侨华人的研究已有一定的基础和成果，但对于华侨华人女性的研究还比较零散，系统性不强，对于女性创新创业方面的研究尽管不再是空白领域，但是研究总体相对较少。当今世界，越来越多的女性走上创新创业舞台，女性创新创业者不仅成为新时代推动创新型经济增长的重要力量，同时也体现了女性的独立、对于实现自我价值的一种渴望，因而关于女性创新创业的分析对于推动经济发展和女性能力提升、家庭安定、子女的教育都有一定的意义。但是海外华侨华人女性创新创业会受到很多因素的影响或制约，一方面，由于每一位海外华侨华人女性情况不同，产生了不同的创新创业动机；另一方面不同的创新创业动机在创新创业环境中所产生的创新创业绩效不同，进而产生不同的创新创业风险。通常来说，传统的家庭观念使女性不得不平衡家庭与创新创业的关系，因此其创新创业所承受的压力与阻碍可能会比男性还要多，创新创业艰难程度也就更高，华侨华人女性创新创业这一问题则需要得到更多的关注。

　　全球化的时代背景以及国内"一带一路"等政策的实施，使海内外之间的联系越来越紧密，为华侨华人的研究开拓了更大的研究空间，女性创新创业浪潮的兴起也为研究提供了一个新的角度。本书以东南亚华侨华人女性为研究对象，研究在创新创业环境的支持下，创新创业动机对创新创业绩效的影响，从而研究华侨华人女性的发展状况，并以相关国家发展战略为契机，为华侨华人女性创新创业提供路径与策略。

1.2　课题研究的意义

1.2.1　理论意义

　　关于创新创业的定义很多，莫里斯（Morris，1998）在一份文献调研中（*Entrepreneurship identity：sustainable advantages for individuals，organizations and society，wesupport.corm：quorum*）回顾了近几年在欧美地区创业核心期刊发表的文章和主要教科书中出现的77个关于创新创业的定义，通过对这些定义内容中关键词出现的频率来揭示创业的内涵。在77个创业定义中，出现频率最高的关键词主要包括：开创新事业，创建新组织；创造资源的新组合，创新；捕捉机会；风险承担；价值创造。可见，尽管学术界对创业本质的理解有各种不同的阐释，但总体来看，创业的内涵主要包括：开创新业务，创建新组织；利用创新这一工具实现各种资源的新组合；通过对潜在机会的发掘而创造价值。

　　全球化不仅是资金、信息等"物"的流动，也是"人"的流动，"人"的流动比"物"的流动要复杂得多，人不仅是精神财富和物质财富的创造者和消费者，同时对于移民输出国和移民接受国的经济、政治、文化等各方面都有较大的影响。21世纪以来，中外关系面临着全面发展新机遇，中外政治、文化、教育和科技的规模也成飞速发展态势，在中外交流中，华侨华人扮演着不可或缺的角色。

首先，从多个学科、多个角度研究了华侨华人的发展。华侨华人发展史作为世界移民史的重要组成部分，其发展涉及多个方面，诸如移民问题、华侨在当地的工作生活问题、不同文化和价值观念的交融及冲突、华侨团体的作用、华侨二代的归属感等问题，其研究工作并非是某一单独的学科所能够胜任，它需要跨学科研究以及多种学科的配合，因此新的华侨华人学需要建立在多学科综合研究的基础上，才能够得到更深入的分析。本书的研究建立在历史学、社会学、经济学管理学、女性学等多种学科综合的基础上，从东南亚华侨形成史、东南亚华侨女性发展史方向分析了东南亚华侨以及华侨女性的形成和发展历史，为研究东南亚华侨女性创新创业奠定基础；从女性面临的家庭、社会关系等研究女性创新创业的特点；从经济学、管理学方面分析女性创新创业的机会和威胁；这一些研究促进了华侨华人研究方向的深化以及研究内容的多元化。

其次，运用多种理论研究了华侨华人的发展。本书以社会网络理论、社会认知理论、创新创业动机理论和社会支持理论为理论基础，通过实证方法来对华侨华人的发展进行研究。当今与创新创业动机有关的理论较多，诸如"推拉理论""内外动因理论""二维模型理论"以及"需求理论"应用较为广泛；在创新创业绩效的理论方面，有学者从目标理论、系统资源理论、过程理论和利益相关者理论进行研究，也有学者从种群生态论、社会认知论、资源基础论和战略适应论进行研究，这也是西方较为成熟的理论维度。这些理论都是强调环境和创新创业者对创新创业绩效的影响，其中种群生态论、资源基础论以及战略适应论对应的就是环境因素，认为新创企业必须能够敏锐捕捉到环境中所存在的机会、威胁，有效利用环境中的资源，实时调整企业的发展战略以应对不断变化的环境。而社会认知论所对应的就是创新创业者自身因素，认为创新创业者的领导风格以及创新创业动机、创新创业行为都会对创新创业绩效产生重要的影响。

另外，就华侨华人女性创新创业动机和创新创业绩效建立模型进行了研究。以往的研究都是在泛泛的资料搜集和访谈的基础上定性总结研究，而本书在此定性研究的基础上，尝试建立了创新创业动机类型对创新创业绩效的影响，以创新创业环境作为调节变量的模型，以东南亚创新创业女性为研究对象，探究女性创新创业动机与创新创业绩效之间的关系。本书主要研究了两个方面的内容：（1）华侨女性创新创业动机类型对创新创业绩效的影响。（2）创新创业环境支持是否对创新创业动机及创新创业绩效产生调节作用。

在就业方面，当代女性虽然有权接受平等的高等教育却没有享受平等的就业发展机会，就业质量低于男性，就业压力高于男性，就其扮演的角色方面还是以传统的照顾家庭（丈夫、子女）为主，加之近些年市场就业竞争压力增大、要求提高等问题，女性的就业问题受到主观因素和客观因素的影响加大，在与就业相应的创新创业方面，由于男女性的创新创业动机不同以及创新创业压力不同，女性的创新创业绩效也不及男性。本书通过构建女性创新创业绩效影响因素及作用机制模型，探讨当前我国东南亚华侨华人女性创新创业绩效的影响因素及其相关关系，由于目前缺乏对我国华侨华人女性创新创业绩效影响机制的实证研究，因此本书的结论将丰富华侨华人女性创新创业理论及动机理论研究。

最后，进行了问卷和访谈分析，获取一手资料，比较客观地对东南亚华侨华人女性创新创业进行了研究。

根据已有的研究分析，目前对于华侨华人女性的研究多是基于第二次世界大战前，对于二战后的华侨华人女性发展研究较少，并且其研究内容侧重于现象描述阶段，研究结论大多是基于男性主导的研究框架。究其原因主要是华侨华人女性研究不占主流，且一般包括在概括的研究中，即便是有研究，也只是利用二手资料研究。本书针对性地选择东南亚华侨华人女性创业女性进行了调研及访谈，获取了难得的一手资料，并对数据进行了SPSS数据分析，从东南亚华人华侨创新创业女性的年龄分布、学历构成、创新创业涉及的市场范围、创新创业需要的资金投入、创新创业规模的形成、家庭支持程度及影响、创新创业经历的阶段等几个方面分析了创新创业的特点，得出了一些结论，对之后东南亚华人华侨华人的研究有一定的借鉴作用。

1.2.2　实践意义

首先，从多角度研究了华侨华人是实现"人类命运共同体"的时代要求。中国共产党十九大报告将坚持推动构建人类命运共同体列为构成新时代坚持和发展中国特色社会主义的基本方略之一，这是当代中国为人类社会发展描绘的壮美蓝图，是中国为引领世界走向和平共享新时代而编撰的中国方案，是中国为化解当今世界纷繁多元矛盾而贡献的中国智慧。伴随着势不可当的全球化的进程，当今世界不同国家之间虽然政治制度、经济水平、文化传统存在诸多差异，但各国的相互依存度却已超过既往任何时代，如何求同存异、相互尊重、共谋发展，无疑是全世界爱好和平人民的共同愿景。以包括千百万华侨华人在内的国际移民群体为特殊视角，回溯人类社会历史发展的共同命运，探讨人类命运共同体构建的时代意义，具有重要的实践与理论意义。

华侨华人是中国改革开放和推动构建"人类命运共同体"、推动世界和平重要力量，在推动中国经济发展、科教进步、和平统一及传扬中华文化等方面发挥着独特而重要的作用。作为沟通中国与居住国桥梁和纽带的海外华侨华人和归侨侨眷，在我国新时期和平发展战略中也将发挥更大的积极作用，具体体现在中华文化传承；中国国际形象的塑造；参与中国公共外交及"一带一路"倡议和"人类命运共同体"理念的实施；中国经济转型升级及创新型国家的建设；中国企业"走出去"战略的实施。可以说，华人华侨起到了多个民族之间沟通交流的桥梁作用，输出自己国家的文化、技术等，以及把他国先进的文化、技术引进到自己的国家，缓解各地、各民族之间的矛盾，让彼此之间相互更加了解。因此，华侨华人在世界范围内都发挥着中华民族的影响力，同时带来商贸、政治、文化之间的影响。所以，研究东南亚华侨华人对中华民族和世界和平具有重大的历史作用。

其次，研究华侨华人女性创新创业可以为不同国家和地区政府、社会制定相应的政策提供借鉴。

大多数国家对于女性创新创业是支持态度，因为这不仅会促进经济增长、增加就业岗位、缓解社会的就业压力，也有助于提高女性的社会和家庭地位。本书从创新创业角度去研究华侨华人女性的创新创业，不仅能够引起社会公众对于女性创新创业的关注，促使各国政府完善相关创新创业机制，为相关部门制定相关政策决策提供必要的依据。

已往研究中对教育以及经验于创业价值的影响得出了统一的肯定结论，但大部分研究忽视了创业者所处的外部环境（Aldrich and Fiol，1994）。事实上，创业者教育和经验都是获取知识的手段，其关键作用是为创业者提供了适应外部环境或产生超越环境或制度限制的能力。创业者的知识和经验带来了企业家能力的巩固和提高，而企业家能力对于弥补外部制度环境缺陷的作用是非常明显的。有研究表明，在一个转型和过渡（如中国）的环境（transition context）中，教育对于创业成功的作用非常大，而经验的作用却不十分明显。因为在特殊的转型环境中，创业者的先前经验往往是在一个完全不同的或彻底转变了的环境中获得的，在另一个环境中的创业难以起到显著影响（Johnson and Loveman，1995；Mathijs and Vranken，2001）。诸如从地区市场化到政府控制水平来解析制度环境的影响。

查尔斯·林德布洛德（1994）指出，各种经济制度的基本区别，其实就在于市场多一点还是政府干预多一点。各国的制度变迁，同样也可看作是一个从计划经济到市场经济，或者从市场经济到计划经济的过程。在不均衡的发展路径中，政府与市场的作用是此消彼长的。陈文婷、李新春在《经验还是教育更重要？——不同制度环境下创业者知识结构与创业价值的关系》（2010）指出，制度差异是造成创业者教育与经验对创业价值贡献不同或不能得出统一结论的重要因素，在市场机制缺失的情况下，创业者知识结构会向经验一端倾斜；而在较高市场和政府制度环境下，创业者的教育结构作用很大；但在高度市场化但政府控制力较弱的制度环境下，创业者经验甚至会对创业产生负面的作用等。这说明有效的创业并不只是依靠教育或者经验的单一知识结构，而是需要创业者在不同制度环境下对二者进行权衡。正如（Mueller，2006）所言，创业者的创业决策和行为是深深地嵌入在其所处的创业环境中的。因此，华侨华人在海内外创新创业从另一个方面反映一个国家和地区政策及环境的力量和先进性。

另外，华侨华人是中国改革开放事业的重要力量之一，在推动中国经济发展、科教进步、和平统一及传扬中华文化等方面发挥着独特而重要的作用。

作为沟通中国与居住国桥梁和纽带的海外华侨华人和归侨侨眷，在我国新的历史发展阶段中也将发挥更大的积极作用。中共中央统战部前副部长、国务院侨务办公室前主任许又声指出："广大华侨华人身处构建人类命运共同体的大潮前沿，兼有融通中外的独特优势，是构建人类命运共同体的重要资源。"美国华人企业家联合会会长施乾平指出："构建人类命运共同体的内涵极其丰富，海外华侨华人可以用生动鲜活、更接地气的形式向住在国社会和民众宣介相关理念，找到共同语言，探索共同价值，不断巩固扩大人类命运共同体的民意基础。在这个过程中，海外华侨华人具有天然优势。"德国《欧洲新报》总编辑范轩指出："既植根祖（籍）国，了解中国，又生活在海外，了解住在国，海外华侨华人能够融通中外、连接东西。"暨南大学国际关系学院潮龙起教授明确指出，华侨华人在构建人类命运共同体过程中具有在地化、流动性和跨国性等方面的优势，华侨华人的在地化优势使之成为开展双边经贸合作、人文交流的宝贵资源；华侨华人具有开拓进取的精神，具有世界眼光和国际视野，善于捕捉国际市场信息，因而可以在全球范围内谋划事业，实现以移民为载体的资本、技术、观念的跨国流动；华侨华人既能融入当地社会，又能与祖（籍）国保持密切联系，发挥中国与居住国之间的桥梁纽带作用。

同时，华侨在世界政治经济中的作用，正如潮龙起教授所说的，华侨华人参与中外经济合作，以经济互惠共赢构建人类经济共同体，进而解决各国间的经济不平衡问题；华侨华人开展中外人文交流，以文化互鉴融合构建人类文明共同体，进而解决各国间的文化隔阂和冲突；华侨华人参与公共外交，以政治平等互商构建人类政治共同体，进而解决各国间的政治分歧和冲突。海外华侨华人的社会角色也在发生转变，过去，漂洋过海是为了改善生活，而现在越来越多的华侨成为和平使者，成为发展的桥梁，成为沟通的润滑剂，成为当地经济发展的建设者。潮龙起教授指出："华侨华人与中国和住在国三者利益是相互统一的，构成了一个以华侨华人为桥梁的双边命运共同体。构建这样一种双边命运共同体，是华侨华人、中国及其住在国三方共赢的战略选择，是构建人类命运共同体的重要基础。中国与华侨华人住在国双边命运共同体的构建有利于华侨华人在当地的生存与发展，也是其参与构建人类命运共同体的动力。"

在这样一个背景下，研究华侨华人女性创新创业动机以及社会网络的影响，不仅能够了解华侨华人女性生存和发展的背景、影响创新创业绩效的因素等，而且分析华侨华人女性创新创业中的社会网络节点，结合我国"引进来""走出去"和"一带一路"倡议，也能为移民输出地和移民接受地两地多方面的需求与市场提供路径分析和策略支持，促进海内外经济、政治、文化等各方面的交融发展。

最后，通过对华侨华人女性的创新创业研究，可以为全球华侨华人女性的生存发展提供一定的思路和方法，使她们更好地进步和发展。

　　国内学术界在海外华侨华人生存、华人和华人经济在居住国社会经济发展中的地位与作用等方面的研究较为深入，提出了不同的观点，学者们的分析大多集中于研究华侨华人利用发达的社会网络资源、信息资源和国内日益发展的互联网思维以及由互联网技术引起的产业资源，加之华侨华人勤劳能干的作风，越来越得到居住国的认可，对当地经济的发展起到了不容忽视的作用。特别是近年来中国的发展，给华侨华人提供了更多的资源、信息、观念、方法等，使他们的作用和发展更为坚实。

　　本书选择研究华侨华人女性这一特定群体的创新创业行为，将行为动机理论、女性主义理论等融合到女性创新创业研究中，深入挖掘影响当前女性创新创业绩效的内在因素及其相互关系，能够更好地为她们的创新创业提供有效的路径分析和策略支持。

第 2 章　东南亚华侨形成史

　　中国人口移民海外，早在秦汉就已开始，而秦以前是否有中国人移居海外，《史记》中没有记载，也就无从稽考。中国自秦时才有了对周边地区，尤其是东南亚地区的研究记载，并且历朝历代关于东南亚历史的记载也大多可以在正史、实录、类书、民间传说、地方志，甚至是文学作品中寻到，例如，很早以前中国人便有"下南洋"风潮，有很多相关内容的官方或私人著述。三国时期就有康泰和朱应奉孙权之命出使南洋，著有《吴时外国传》和《扶南异物志》两书；魏晋南北朝时期，作为中外交流的重要桥梁——僧侣们也多取道于南洋，其中东晋法显就是代表人物，他根据其陆路前往印度再由水路返回的亲身经历写下了《佛国记》；唐代的高僧义净也曾漂泊印度室利佛逝二十载，将其在印度与东南亚的所见所闻收录于《南海寄归内法传》一书；宋元时期是中国与东南亚交往甚密的阶段，涌现出更多文献，诸如周去非的《岭外代答》以及赵汝适的《诸藩志》，周达观的《真腊风土记》更是记载了柬埔寨的华侨情况。这些著述帮助我们了解不同时期东南亚当地华侨华人的生活情况。早期的中国移民主要有起义失败者、外交官、商人、海盗、学者和改朝换代后前朝官员等，而到了近现代，以华人劳动力为主的移民类型逐渐转变为更加多元的移民类型。曹云华认为，中国历史上有三次移民浪潮：第一次在明末清初，以明朝开放海禁、明朝灭亡等重大历史事件为关节点，促进了中国人口的外流。第二次在19世纪中期至20世纪中期，以劳工移民为主。此时之所以出现移民海外的高潮，其原因可从接收地和输出地两方面看，一方面，接收地多为西方殖民开发地区，急需大量劳动力；另一方面，作为输出地的中国，当时经济衰弱，战事连绵，被迫开放，使得大批农民、手工业者流离失所，为求生计远赴重洋。第三次则始于1978年，一直延续至今，是以实现自我价值为移民主要动机、文化素质较高的"新移民潮"。①

朱国宏先生（1994）在多篇论文中强调中国的国际迁移史源远流长，其发展大致分为五个时期：自秦至隋为国际移民的发轫阶段；唐宋元明为国际移民的自发阶段；明末清初为国际移民的过渡阶段；晚清时期为国际移民的高潮阶段；民国时期为国际移民的持续阶段，本书在此基础上将改革开放后的迁移史划分到国际移民的新阶段。

表 2.1　东南亚华侨形成史

历史时期	阶　段
秦朝至隋朝	国际移民的发轫阶段
唐宋元明	国际移民的自发阶段
明末清初	国际移民的过渡阶段
晚清时期	国际移民的高潮阶段
民国时期	国际移民的持续阶段
改革开放至今	国际移民的新阶段

资料来源：课题组整理。

2.1　自秦至隋——华侨移民的发轫阶段

对于华侨史是否起源于秦朝，目前史学界仍存在争议，但朱国宏先生将秦朝划分进移民史的主要依据为秦始皇派方士徐福，领数千人航海，去求

---

① 陈业涛. "下南洋：东南亚华侨华人的过去、现在与未来"学术讲座综述［J］. 华侨华人历史研究，2013（03）：79-80.

长生不死的奇药。据《史记》记载，这种大规模的航海，结果自然是一枕黄粱，不但没有得到神药，连徐福本人也沉居在"平原广泽"而未归，根据《菲律宾史》记载，秦时已有中国人留居菲律宾，此后也有多位史学家表示文中的"平原广泽"很有可能为当今的菲律宾或日本。

其实两汉到隋唐时期，中国与海外的交往，主要分为两条路线，北为"丝绸之路"，南为"通夷海道"，沿"丝绸之路"和"通夷海道"的中外交往相当频繁，往来地区除日本外主要是东南亚、南亚和西亚，最远的曾到过欧洲。不过，史籍所载中关于交往者多，居留者少。从国际迁移角度看，交往者性质相当于"旅客"而非"移民"，因此，这一时期的国际迁移现象大抵只能从史实中推测。当时中国与海外的交往大致有四类，即使节出访、僧君求法、互相卖买、军事行动，其中极有可能导致居留不还的是战争和买卖。并且，此时期还有一些文献可作为佐证，如班固的《汉书·地理志》记叙了广东到印度的海上状况，这也是中国最早有关东南亚海上情况的记录，此外还有僧人游记《历游天竺记传》和当时中国官员出访南海诸国所记录的文献《扶南异物志》和《吴时外国传》，都对当时的东南亚各国进行了介绍。

表 2.2　华侨移民的发展阶段特点

性　别	几乎都是男性，没有女性
移民目的	（1）使节出访； （2）僧君求法，如僧人游记《历游天竺记传》； （3）互相卖买，一般为沿丝绸之路； （4）军事行动
移民国家	以印度、菲律宾、日本等亚洲国家为主，很少到欧洲地区

资料来源：课题组整理。

2.2　唐宋元明与清朝早期——华侨移民的自发与过渡阶段

随着唐朝的兴盛，由发轫阶段发展起来的中外交往更加频繁，居留海外的现象也开始见诸史端。朱国宏先生将唐朝时期认定为华侨迁移的自发时期主要是因为：这一时期中外交往更趋频繁，航海技术的进步为"通夷海道"的畅通提供了极为便利的条件，海上贸易和"丝绸之路"更趋繁荣，当时南海已有通往东南亚、印度和西亚的航路，出现了具有一定迁移动机的自发迁移行为。自发迁移相对集中的流向地是东南亚、东亚、南亚和西亚，这些主动的国际迁移者的迁移流向和分布，成了后来国际迁移流向格局的雏形。此外，陈碧笙（1983）也认为12世纪初叶（南宋）到16世纪后半期（明）属于封建经济高涨时期，华侨开始自发移民[①]。温广益（1985）也认为，17世纪初到19世纪70年代可以划分为华侨移民近代前期。[②]

根据外国记载，早在14世纪中期，中国的龙泉花瓷器就输入泰国——暹罗，深为暹罗人喜爱，遂派使团到中国邀请龙泉工匠定居暹罗，推动了暹罗的青瓷生产。闻名于世的素可泰王朝时期泰国"宋加洛瓷器"就是在我国工匠指导下生产出来的，行销到东南亚各国和地区，是当时泰国重要的出口商品之一。这些流传后世的瓷器，无论在色彩、花纹、图饰、文字等方面都有明显的中华文明特征，并且进一步影响到该地区的日常用品、陈设装饰甚至是丧葬仪式、宗教崇拜等方面。

唐末至宋元时期，国家重心南移，科技进步，造船业发展与罗盘的发明大大促进了航海业的发展，当时中国的船舶独步于南海、印度洋和波斯湾，远胜于"番舶"，再加上宋朝当时采取的是奖励海外贸易的政策，不仅使得海上贸易更为繁荣，而且中国与东南亚各国政治、经济、文化交流也更为密切。除了正史、游记中出现的部分有关东南亚的记录外，还出现了专门记载东南亚有关风俗民情的文献、书籍，如《诸蕃志》《岛夷志略》《岭外代答》等，其中《诸蕃志》更是记录了东南亚约38个国家与地区的详细情况。

---

① 陈碧笙. 关于华侨史分期的几个问题［J］. 社会科学战线, 1983（04）: 153-160.

② 温广益. 华侨、华人的含义及华侨史的分期［J］. 广州研究, 1985（02）.

　　明代时期，造船业发展迅猛，虽间有海禁，但是海上交往的频繁并不亚于宋元时期。郑和七下西洋，使中国与东南亚各国关系被进一步推进，因此，从明代开始，有关东南亚各个国家的记录明显增多，如《东西洋考》不仅记录了东南亚各国的政治、经济、文化、社会、教育等方面，还详细记录了航海知识以及西方殖民国家的殖民活动等。在此时期还出现了中国史上三次移民东南亚浪潮中的第一次，以明朝开放海禁、明朝灭亡等重大历史事件为关键点，促成了中国人口外流，这些海外居留的人员多为经商而久居不返的商人、王朝破败后逃离的亡臣、避祸的百姓、海外扩张的伤病士卒以及随访拘留的人员。

　　明末清初，战火不断，难民为了躲避战争流亡海外，并且这个时期开始出现了掠夺贩卖奴隶、拐卖人口到海外的事件。清朝初期，陈伦炯《海国闻见录》记载了东南亚详细的区域划分，如东南洋、南洋、小西洋等，还记录了华侨罗芳伯公司即如今的兰芳公司的相关情况，是中国对东南亚研究史上的一部重要文献。

　　华侨在流亡的同时还将我国文化传至他国，例如印度尼西亚华侨把造纸术带入印度尼西亚。得汉在《古巴达维亚》中曾写道："十七世纪八十年代，中国人已经在巴达维亚（今雅加达）建立了造纸厂，从事制造纸张。"而在15世纪初，跟随郑和下西洋到爪哇的马欢曾记载，爪哇"无纸笔，用菱蕈叶以尖刀刻之"，可见在15世纪中后期至17世纪之间造纸术传入。除此之外，华侨还把印刷术带入菲律宾。菲律宾于1593年最早出版的《基督教义》一书是由华侨印刷和装订的，该书印刷兼装订者是龚容，据考证，龚容是一位华侨，当时居住于马尼拉王域东北边。他由中国来菲律宾后，受到天主教洗礼，是菲律宾印刷业的创始者。[①]

　　这一阶段是华人华侨在华侨史中的自发与过渡阶段。就迁移行为而言，

---

　　①　王华. 明清初期华侨对促进东南亚文化发展的贡献［J］. 八桂侨刊，2008（04）.

明中叶以前为迁移间或发生，之后则频繁发生。就迁移性质而言，主动迁移主要是避乱的难民为了谋求生路以集体迁移的形式出现；被动迁移则主要是由于遣使、扩张战争和经商三类原因，一般以个体迁移的形式出现，此二者多属间或发生，不构成大规模迁移，并且由于封建伦理，元、明、清以来的中国封建政府一直禁止妇女出洋，所以在此时期前都是男子出洋者居多数。

表 2.3　华侨移民过渡阶段特点

朝　　代	唐朝兴盛时期	唐末至宋元时期	明代时期	明末清初
性　　别	男性移民为主，女性只作为陪同，很少移民			
移民基础	造船业发展与罗盘的发明大大促进了航海业的发展			
移民目的	（1）商贸 （2）避难	与东南亚各国政治、经济、文化交流	（1）商贸 （2）避祸的亡臣与百姓	难民为了躲避战争流亡海外
移民国家	东南亚、东亚、南亚和西亚	南海、印度洋和波斯湾	沿郑和七下西洋路线，分布在东南亚各国	东南洋、南洋、小西洋

资料来源：课题组根据相关资料整理。

2.3　晚清时期——华侨移民的高潮阶段

晚清时期，中国驻东南亚一些国家的使领馆开始整理和记载当地华侨华人的资料，这一活动间接推动了中国侨史研究。再晚一些，如梁启超的《美国华工禁约记》《中国殖民八大伟人传》、羲皇正胤的《南洋华侨史略》等著作出现，使得侨史越来越接近理性研究。

此时期的移民以劳工移民为主。作为输出国的中国，当时经济衰弱、战事连绵，以鸦片战争为起点，英国资本主义进入中国，导致我国社会解体、农村经济崩溃，迫使大量农民不得不以难民的身份流亡至国外谋生；与此同时，清政府签署的《南京条约》使清朝的海禁形同虚设，当时的国际迁移主要分为两种情形：一种是被诱引成为苦力被送到海外的，俗称"苦力贸易"或"猪仔买卖"，1864—1873年间，香港、广州、汕头、澳门、厦门等多地形成了"苦力贸易"网络，"苦力贸易"达到高潮。1874年以后，由于劳动力在殖民地受到惨无人道的对待，引起了社会公愤，这种劳工形式逐渐受到限制，走向衰落。另一种是赊买船票或自己出钱买船票到海外做苦力，被称作是"契约华工"。华工出国主要集中在闽粤两省，当时大量的中国劳动力被带往世界各国，迁移规模大，并以集体迁移为主。因当时国内人口发展与社会经济发展的不协调，土地兼并日益严重，产生了大批过剩的劳动力，再加上政府统治的黑暗导致社会动荡不安，使大部分民众生活较为困难，所以有大量的战时难民涌入东南亚各国。且在19世纪后期东南亚地区发生了以欧洲国家为中心的全面殖民化，西方殖民国家的侵入，需要大批劳动力开发拓展殖民市场，而这些劳动力又不是当地所能够满足的，所以在地域上邻近、人口众多且廉价的中国劳动力，此时就成了被猎取的对象。此时，东南亚各地渐渐形成了华侨社会。

这一时期出国的华侨有以下特点：第一，多数是到海外寻求生活出路的劳动人民，其中沿海贫苦农民居多，同时国内新旧封建王朝的交替和商品经济的发展，使得政治避难者和商人在出国华侨中仍占有相当比重。这一时期出国华侨增加的速度远超鸦片战争前夕，分布于南洋和亚洲其他地区的华侨至少有一百余万。第二，由于欧洲殖民者东侵后对华侨的奴役、压制和剥削，华侨原有的地位和作用开始发生变化。华侨中单纯从事体力劳动的工人数量迅速增长，华侨工人在华侨人口中所占比例愈来愈大。

表2.4　华侨移民高潮阶段的特点

移民特点	（1）多数是到海外寻求生活出路的劳动人民，其中沿海贫苦农民居多； （2）由于欧洲殖民者东侵后对华侨的奴役、压制和剥削，华侨原有的地位和作用开始发生变化

续　表

移民国家	（1）外出求生的多去东南亚国家； （2）被掳掠贩卖的多去向欧洲国家
学者观点	邱普艳（2001）指出18世纪末19世纪初，经过一个多世纪的休养生息，中国国内人口急剧膨胀，人口的过快增长导致"农田分配指数和粮食供应指数无法与之相配合，于是造成人多米贵、万物奇昂、人民难以维生的社会病象"，尤其是闽粤地区，这种情况尤为严重，迫于生存的压力，大量沿海居民奔赴海外
	赵和曼（1987）认为，从放松海禁到鸦片战争，华侨增加了很多，是华侨史上一个相当重要的时期。朱国宏先生将此划分为华侨移民高潮阶段是因为，该时期移民高潮的原因主要有两个，一是帝国主义入侵迫使百姓出逃避难；二是该时期"门户开放"使五个通商口岸不仅成为外国资本进入的港口，也成为中国人口外迁的出口，同时也为人口拐卖产业提供了便利。具体表现在清政府于1860年签订的《北京条约》，公开承认中国人民拥有出国到海外的权利，为迁移至海外提供了便利

资料来源：课题组根据相关资料整理。

2.4　民国时期——华侨移民的持续阶段

朱国宏先生认为19世纪二三十年代，中国国际迁移进入了持续发展阶段。因为迁移现象时有时无、时多时少，同时迁出与回迁并存。这一阶段的迁移规模，保守估计也超过600万人，仅稍逊于高潮阶段。这一阶段由于经济危机，许多殖民地受到剧烈的冲击，东南亚地区的锡矿和橡胶市场逐渐萧条，工农业生产日益衰退，东南亚多国采取了限制华人入境的政策，导致出现了大规模的回归迁移，大批中国移民迁移回国。[①]

而这一时期分为两个阶段，第一阶段从辛亥革命到全球经济大萧条之前，即1911—1929年，这一时期中国国内军阀混战、外迁持续，流向欧洲、

---

① 朱国宏. 中国人口的国际迁移之历史考察 [J]. 历史研究, 1989（06）: 159-177.

俄国等地。在1916—1918年，由惠民公司招募的赴欧契约华工达3万多人。在辛亥革命期间曾出现回迁现象，主要是华侨回国参加革命。第二阶段1929—1941年，中国经历了内部战争和对外战争，世界则是全球性经济大萧条，这一时期外迁减少，回迁大为增加。

表 2.5　华侨移民的持续阶段特点

性　别	女性移民占比大大增加，但还是以男性为主
移民目的	（1）经商、外贸； （2）留学求学； （3）人口出现回迁特征
移民国家	由于部分东南亚限制入境，移民人口流往欧洲、俄国和少量东南亚国家
学者观点	温广益（1985）表示19世纪70年代以后，西欧各国先后进入帝国主义阶段，西方殖民者对东南亚的掠夺手段，已从商业资本转变为产业资本和金融资本，并给华侨的经济活动以较大影响；另者，华侨的民族意识日益觉醒，与祖国的关系也日趋密切

资料来源：课题组根据相关资料整理。

温广益（1985）[①]表示19世纪70年代以后，西欧各国先后进入帝国主义阶段，西方殖民者对东南亚的掠夺手段，已从商业资本转变为产业资本和金融资本，并给华侨的经济活动以较大影响。另者，华侨的民族意识日益觉醒，与祖国的关系也日趋密切。因为在此时期，由于受到苏联与美国冷战关系的影响，以及中国与东南亚国家政治关系的剧变，与此同时大规模移民已经基本暂停，中国持续了几百年之久的人口迁移活动也暂时停止，中国女性迁徙东南亚的活动热潮也宣布暂停。第二次世界大战后，在东南亚各国家非殖民化与国家构建进程中，新兴民族国家对华侨的认同和忠诚产生了怀疑，与此同时，随着冷战向亚洲蔓延，美国认识到获取东南亚地区的利益可以从介入

---

① 温广益. 华侨、华人的含义及华侨史的分期［J］. 广州研究，1985（02）.

东南亚地区的事务开始，华侨自然成了美国的威胁，同时美国又认为华侨是可以争取的，因此美国对华侨的态度是防备与争取并存，但众多华侨的民族意识日益觉醒，所以与祖国的关系也日趋密切。

2.5 改革开放后——华侨新移民阶段

中国新移民潮指的是1978年改革开放后出国的中国公民。新移民的数量究竟有多少，学术界各家说法不一：有人认为新移民的总数有1000万左右，另外也有学者认为总数在400万—500万之间，还有学者也主张新移民人数有600万人，但不论新移民总数到底有多少，可谓"有阳光的地方就有中国人或者华人"。这些新移民涵盖的类型多样，既有受过高等教育的留学移民，还有贸易移民、投资移民，也有劳工移民或非法移民，这些人多以追求个人自由、价值、财富、提高收入和生活质量为移民动机和目的。此时段不仅移民的输出地遍及全球，移民接收地更是分布广泛。

除新移民外，东南亚华人还出现了"再移民"热潮。这些"再移民"除了留学、投资移民外，还包括20世纪70年代东南亚地区的难民，他们主要涌入欧美、大洋洲等发达国家和地区。1975年后，前南越士兵和华裔商人为躲避迫害流亡至印尼、泰国、马来西亚、香港和澳大利亚等地。在1978—1981年间，就有2.3万名越南的难民涌入澳洲，其中60%为华裔，他们主要移民目的为家庭团聚。

有华人社区的地方就有中华文化。关于华侨华人与中华文化，曹云华教授认为，由于一百多年来中国时局动荡，中华文化留存问题实有欠缺，相较之下，中国大陆以外尤其是东南亚华侨华人社区，在传统信仰和民间风俗等方面具有一定的留存典型性。曹云华教授以在印尼加里曼丹岛山口洋市的田野调查举例说明，山口洋有20余万人，除达雅克人和马来人以外，60%左右是华人，他们大多是广东汕尾市客家人的后裔，较完整地保留了中华文化，特别是客家人的风俗习惯，客家话也成为当地的流行语。每年正月十五，当地还会举行大型游行活动，几百种神像被人们抬上街头游行，由于当地的神庙众多，山口洋市也被称为"千庙之市"。

对于这一阶段中华文化的保留和传播，相当多的文献资料有一定的记载。17世纪由华侨引入泰国的中国小说《三国演义》被译成泰文，受到热力追捧，几乎家喻户晓。三国人物的描写方法还被泰国作家效仿，移植到泰国文学作品中。《三国演义》也相继被译为马来文、爪哇文和柬埔寨文等，并且也有许多华侨剧团因在泰国宫廷中演出《三国》而享有盛名。伴随着华侨在东南亚一带活动的深入，《西游记》《水浒传》《封神演义》《聊斋志异》《金云翘》《好逑传》《二度梅》等一大批明清小说在东南亚区域广泛流转。

越南邻近中国，在明末清初随着大批中国军民迁入，汉文化在此得到了广泛传播。同时，有些华侨及言裔，还直接投身于越南文化事业，努力为越南文化的发展贡献力量。如原籍福建的潘清简（1778—1867），因其父母"义不事清"而被迫流徙越南，他本人在越南读书入仕，成为越南封建王朝的官吏。潘清简学识渊博，是这一时期越南著名历史学家，还是朝野皆知的诗人和文学家，主要著作有《梁溪诗草》《卧游集》，以及由其主持编修的《钦定越史通鉴纲目》和《大南（正编）列传》等。这些著作，在越南历史、文学史上均占有十分重要的地位，对越南文学的艺术发展起到重要作用。又如郑怀德（1765—1325），祖籍福建省福州府长乐县，其祖父郑会于明末清初留发南投，客寓越南的边和。郑怀德是阮氏的两朝大臣，善文工诗，是"当年嘉定著名诗人"，有诗词著作《嘉定三家诗集》等。他的《嘉定通志》是一部史地著作，详述了南圻各镇之建设、疆域、风俗及城池等事，所志多涉及历代的沿革及华侨等事迹，是今天研究越南南圻地理、历史及华侨史的宝贵文献材料。此书后来还为阮朝新撰《大南实录》《大南列传》以及《大南一统志》提供了重要资料来源。可见，郑怀德对越南文化事业发展作出了重要贡献。

再如18世纪侨居越南的莫天赐（1711—1780）也对越南的文化发展作出了突出贡献。他于河仙领导经济开发的同时，"复开学校多所，礼聘汉人为师，教化越人，一时汉学大盛"。他很重视文教工作，《莫氏家谱》说他"建招英阁以奉先圣，又厚币以招贤才，自清朝及诸海表俊秀之士，闻风来会焉，东南文教肇兴自公始，渐渐德恰化行，人多美行，女习幽贞，威服外敌，仁抚居民，四方安堵无事。"对于莫天赐发展文教事业，越南正史《大南实录·前编》写道，莫天赐"招来文学之士，开招英阁，日与讲论、唱和，有河仙十咏。自是河仙始学焉。"18世纪越南名儒黎贵敦在谈到莫天赐的文教事业时说："仆常见其《河仙十咏》刻本，皆赐与北国顺广文人相与属和，不可谓海外无文章也。"《越南文学史稿》对莫天赐的事业则评价道："到了莫天赐时代，（河仙）已变成人烟稠密的地方。特别是汉学的影响，这时已到达了这里。"这些话充分肯定了莫氏对越南文教建设的贡献。[①]

在20世纪二三十年代，一批受过严格学术训练的学者进入侨史研究领域，出版了一系列著作，如温雄飞的《南洋华侨通史》（1929），丘汉平的《华侨问题》（1936），李长傅的《华侨》（1927），《中国殖民史》（1937），金陵大学教授刘继宣和讲师束世澂合著的《中华民族拓殖南洋史》（1935）等。这其中还包括一些受过西式教育，在学术上兼具中西之长的留洋学者及著作，如芝加哥大学吴景超博士的论文《唐人街：共生与同化》（1928）、陈达的《南洋华侨与闽粤社会》（1938）等。此外，这一时期和此后一段时间内，一些曾亲身参与过辛亥革命及国民革命的华侨革命家也著书立说，论述华侨华人与革命的关系，如张永福的《南洋与创立民国》（1933）、冯自由的《革命逸史》（1939—1948）和《华侨革命开国史》（1946）、胡汉民的《南洋与中国革命》。一些研究组织和专业刊物也相继出现。1927年，李长傅、刘士木、丘汉平等学者发起成立暨南大学文化事业部，1930年改名为南洋美洲文化事业部，1934年又改称海外文化事业部，同

---

① 王华. 明清初期华侨对促进东南亚文化发展的贡献［J］. 八桂侨刊，2008（04）.

时创办《南洋研究》（1928—1944）、《华侨情报》。北京平民大学领事系的何海鸣创办《侨务旬刊》（1920），共出版141期。到20世纪五六十年代，中国的华侨华人研究进入新的历史时期。新中国成立之初，由于种种原因，华侨华人研究一度陷于低潮。如其他国际问题一样，华侨华人研究也属于敏感领域，非经特别安排，学者不会轻易触及，原暨南大学南洋文化事业部，随1951年暨南大学停办而解散。而一些大学的政治学、法学、社会学、人类学等参与华侨华人研究较多的学科，大部分被关停并转，研究人员不再从事华侨华人研究。

随着国内、国际形势的变化，特别是东南亚华侨华人问题成为中国与东南亚关系发展的主要障碍之一，华侨华人的研究又获得发展机遇。1956年，中央侨务委员会和厦门大学联合组建厦门大学南洋研究所，主要研究东南亚和华侨华人问题。一批厦门大学的资深学者，如林惠祥、韩振华、陈碧笙、庄为玑、黄文鹰、何启拔等进入南洋研究所，朱杰勤、姚楠、田汝康等国内知名学者也成为南洋研究所的兼职学者。1957年，南洋研究所创办《南洋问题资料译丛》，发表了国外一些有关华侨华人研究的重要成果，如巴素（V. Purcell）的《东南亚华人史》，史金纳（W. Skinner）的《泰国华人社会：历史的分析》、岩生成一的《下港（万丹）唐人街盛衰变迁考》等。1959年，中山大学历史系成立东南亚研究室，以东南亚历史研究为主，间或从事华侨研究。1960年，在朱杰勤等著名学者的推动下，暨南大学成立东南亚研究所，不定期出版《东南亚研究资料》，刊登部分华侨研究译作和少量研究论文。①

总体而言，东南亚华侨华人的文化沟通作用从17世纪至19世纪后可以归纳为表2.6：

---

① 中国的东南亚华侨华人研究：历史、现状与前景——庄国土教授访谈录［J］. 东南亚南亚研究，2012（01）.

表 2.6 华侨文化迁移史

时　期	作　者	著　作
17世纪		《三国演义》《西游记》《水浒传》《封神演义》《聊斋志异》《金云翘》《好逑传》《二度梅》等著作翻译作品输入东南亚国家
18世纪—19世纪	潘清简、郑怀德	《梁溪诗草》《卧游集》《嘉定三家诗集》等
19世纪后	温雄飞、丘汉平、李长傅、刘继宣、束世澂等	《南洋华侨通史》《华侨问题》《华侨》《中国殖民史》《中华民族拓殖南洋史》等

资料来源：课题组根据相关资料整理。

第3章　东南亚华侨华人女性发展史

根据范若兰（2002）的研究，中国女性人口的国际迁移是在中国移民史上的第四个阶段和第五个阶段发生的，也就是晚清和民国时期，尤其在民国时期达到高潮。[①]本书还加入了第六个时期：新中国成立后至今。

3.1　东南亚华侨华人女性启蒙阶段

施雪琴（2009）认为17世纪起中国向东南亚大规模移民的浪潮中，"贸易移民"与"契约华工移民"的形式与特点都决定了中国移民由男性主导的历史，而中国女性在漫长的移民历史中基本上可以被忽略不计，处于"少数""依附移民"与"被动移民"的地位，她们作为男性移民的附属品漂洋过海、客居异乡。[②]由于封建伦理，元、明、清以来的中国封建政府一直禁止妇女出洋，所以在此时期之前都是男子出洋居多，极少部分女性随夫君从商、出任而外出东南亚。根据史料记载，有关妇女渡海出洋的实例出现在19世纪50年代初期，据在厦门英国领事馆工作的温杰斯坦的描述，在1852年前后，每年有1—200名没有缠足的女子被贩往海外，所以"猪花"一词始于19世纪50年代，比苦力贸易晚数年。1848年由于在科罗罗发现金矿，此后以广

---

① 范若兰. 近代中国女性人口的国际迁移（1860—1949年）[J]. 海交史研究，2002（01）：108-122.

② 施雪琴. 全球化视野下的女性跨国流动——以1978年以来中国女性迁移东南亚为中心 [J]. 南洋问题研究，2009（01）：51-59.

东西邑为中心的贫农便陆续作为苦力移民旧金山;在1854年,广州和香港便发现有60多名船上妇女被贩卖。

1860年左右晚清政府被迫允许中国男女合法出洋,中国人移民海外进入高潮时期,越来越多的中国妇女走出国门,但无论在人数上还是在规模上,出洋女子都远远少于男子,出洋女性主要包括四类,第一类是知识女性,由于受过教育,所以期望用文字记录海外实况拯救国民意识,当然也可能是为了追求更好的教育。第二类是渴望独立的女性,这一类女性主要是"自梳女"与"不落家"。正如安威(Ann Wee)的论文《老年妇女:从殖民时代到今天》也通过调查新加坡华人老年劳动妇女的经历,注意到"广东丝区造就了一批独立妇女"。第三类是躲避战事而迁移至东南亚的妇女所占比例最高。第四类就是被拐卖出国的妇女儿童,她们被迫从事色情事业。据《福建省档案馆编》记载,19世纪40年代以后,中国妇女自愿或被迫出洋为娼的情况越演越烈,清朝官员中最早注意到妇女被拐出洋的是林则徐,他在道光十九年五月十七日的奏折中指出:"臣等风闻夷船停泊海口,往往收买内地年未及岁之幼孩……男少女多,殊堪骇异。"但他不知道这些女孩被拐卖出国的用途。晚清时期中国妇女被拐卖出洋为娼者甚众,外交官对她们进行了力所能及的保护。据1881年驻英使领报告,光绪五年(1879),新加坡胡领事(胡亚基)资助库平银四两三分二厘给被拐的广东东莞县民妇莫黄氏,遣其回籍。同年又拨银十两一钱六分给被拐的广东东莞县民妇招氏和黄氏二人,遣其回国。此外,当地政府设立保良局保护被拐卖妇女,晚清领馆对此举极为赞赏。

詹姆斯·弗朗西斯·沃伦(James Francis Warren)1993年出版的《阿姑和南洋姐:新加坡妓女1870—1940年》一书中研究了近代新加坡华人妓女和日本妓女的生活经历。

表 3.1　东南亚华侨女性启蒙阶段学者研究

学者研究	研究时间	观　点	研究突出问题
施雪琴	2009年	女性是作为男性移民的附属品而移民的	"贸易移民"与"契约华工移民"的形式与特点都决定了中国移民由男性主导的历史，而中国女性在漫长的移民历史中基本上可以被忽略不计，处于"少数""依附移民"与"被动移民"的地位
范若兰	2009年	无论是在人数还是规模上，出洋女性远少于男性，这其中包括：知识女性、处于独立目的出国的女性、躲避战事而迁移的女性、被拐卖出国的女性四类	清政府在1860年左右被迫允许中国男女合法出洋，此时海外移民进入高潮时期
詹姆斯·弗朗西斯·沃伦	1993年	主要研究了近代新加坡华人妓女和日本妓女的生活和经历	
晓照	1992年	华侨女性的到来使异族通婚数目和同化速度降低了，"中国特性"有所保留	20世纪40年代的菲律宾由于华侨妇女人口的增多，引起当地华人社会发生显著的变化

资料来源：课题组根据相关资料整理。

在此时期根据晓照（1992）的研究，20世纪40年代的菲律宾由于华侨妇女人口的增多，引起当地华人社会发生显著的变化。因为在华人妇女来之前，华侨男子都选择与当地女子结婚，出现了大量的土生华裔，形成了当时特有的华人社会体系，但是华侨女性的到来使异族通婚的数目和同化的速度降低了，也保留了"中国特性"，因而华侨华人社会在物质和文化两个方面都变得更加中国化了。①

---

① 晓照. 一个值得开拓的园地——谈华侨华人妇女问题的研究［J］. 八桂侨史，1992（01）：16-22.

3.2　东南亚华侨华人女性发展阶段

在新中国成立时期，由于受苏联与美国冷战关系的影响，中国与东南亚国家政治关系剧变，大规模移民已经基本暂停，中国女性迁徙东南亚的活动热潮也逐渐退去。

直到1978年中国改革开放，女性移民东南亚又进入了一个新的时期。据估计自20世纪80年代到21世纪初期，共有230万—265万人移民东南亚，其中有49%为女性，约113万—130万人之间。在这波移民东南亚的热潮中，女性移民中不乏有专业技术人才和社会精英，她们对东南亚的发展尤其是新加坡地区作出了极大的贡献。但还有另一类女性移民群体，如非法女性商贩、"中国小龙女"、陪读妈妈，以及非法滞留的中国女性游客，这些女性不仅违反了法律，损害了我国女性声誉，对于中国与东南亚各国的关系也产生了消极的影响。从20世纪80年代起，迁移东南亚的华侨女性分为三类：商人、留学生与专业技能人员、中国新娘与亲属移民。

第一类迁移的华侨华人女性是前往东南亚地区的商贩，是女性移民东南亚的重要构成，主要集中在菲律宾、马来西亚。这些华侨华人女性多来自福建、广东、广西，其中福建省莆田市是著名的侨乡，原名"兴华府"。这类女性主要依靠传统的华侨网络关系来从事售卖零售行业，且人数日益增多，甚至开始自己创办企业。

第二类迁移的华侨华人女性是去往东南亚的留学生与专业人士。自从我国改革开放政策实施以来，越来越多的学生前去国外求学，许多学生选择欧美发达国家，但随着中国学生的出国需求增多，以新加坡为代表的东南亚国家受到中国留学生的关注，新加坡更是注意到中国的留学生市场，率先出台了相应的留学政策与鼓励措施，号召各类留学生前往新加坡攻读学业。20世纪90年代来，高素质的大陆人成为东南亚各国重点的引进对象，包括专业技术人才、文体明星等，各国政府为这些引进人才设置了丰富的奖学金。据资料不完全统计，中国留学生在新加坡从小学到博士的候选人共计3万人以上，女性占有相当大的比重，而且女性的留学生来源大量增加，不再局限于传统的福建、广东等地区，还拓展到四川、北京、上海等地，在21世纪初，新加坡女性新移民大概有14万人。

第三迁移类华侨女性是迁移东南亚的中国新娘与亲属移民，他们借助跨国婚姻走出国门。随着中国国门的打开，部分女性借助跨国婚姻加入了跨国迁移的浪潮中，去往东南亚各国，主要是新加坡、马来西亚、泰国这些东南亚较为富裕的国家。

表 3.2   东南亚华侨女性发展阶段学者观点

学者研究	研究时间	观　点	研究突出问题
施雪琴	2009年	这次移民热潮是以实现自我价值为移民主要动机的具有较高文化素质的移民	"新移民潮"移民主体的变化
谢晋宇	1995年	在一些工业化水平较低，出口导向型产业不发达的国家迁移妇女更倾向于集中在技能层次最低的服务业，在工业化水平较高，出口导向型产业发达的国家迁移妇女更多地在制造业	分布在不同国家的华侨华人女性从事的主要行业
巴素	1951年	华人女性人口的变迁、女性教育以及妓女、保良局和劳工问题	

资料来源：课题组根据相关资料整理。

施雪琴（2009）的研究中表示：随着改革开放的推动，中国与东南亚各国政治与经济关系深化，这又掀起了第三次中国人口移民东南亚的热潮。这次移民热潮与以往不同，是以文化素质较高的与实现自我价值为移民主要动机的"新移民潮"，主要包括商贩、劳工、管理与技术人员、学生、自由职业者、农民以及中国新娘等。

谢晋宇（1995）研究认为，在一些工业化水平较低、出口导向型制造业不发达的国家，迁移妇女更倾向于集中在技能层次最低的服务业，其中大多是在非服务业,如沿街叫卖、街头、小摊、零售、旅游及娱乐业是迁移妇女集中的行业;工业化水平较高、出口导向型产业发达的国家,迁移妇女更多集中于制造业。

巴素(1951)出版了研究东南亚华侨华人状态的权威性著作——《东南亚的华侨》,作者在不少篇章中提及华侨华人妇女人口、移民、受教育等情况,在写到马来西亚华侨华人妇女时,着重研究了华侨华人女性人口的变迁、女性教育、妓女、保良局和劳工问题。

3.3 东南亚华侨华人女性新时代阶段

展望21世纪的海上丝绸之路建设,东南亚华侨华人是促进中国与东南亚经济合作的推动力量,在贸易顺畅、设施联通、经济往来、政策交流中发挥了作用。除去贸易商业活动,东南亚华侨移民中,有15%为富商,40%的人比较富裕,30%为专业技术人士,其余的是记者,教师等。

与前几个阶段的研究相比,当代对东南亚华侨华人妇女发展的研究处于初步阶段,取得一些成果,研究者注意到华侨华人妇女在种植业、矿业、制造业、建筑业、服务业和零售业中所起的重要作用,并对她们的工资、劳动时间、劳动强度和性别差异作了初步研究,分析了华侨女性的生存和发展情况。在此时期,东南亚华侨华人女性拥有了更多自主权利,华侨华人女性参政水平较以前有所增加。以马来西亚华人女性为例,自1957年起,妇女参政水平极低,并且没有华人女性担任较高级别职位。1959年大选,共有三位女性议员当选,但是并没有推出华人女性候选人,即华侨华人女性在这次选举议员政治活动全部失败。1964年大选,亦有三位女性议员当选,但三位全部来自巫统党,社会主义阵线推出的一位华侨华人女性议员败选。在1969年5·13事件后,由于马来西亚政治发生巨大的变化,巫统党成为主导政党,终于在1975年,有五位女性议员当选,占总数的3.25%,马华公会推出了周宝琼,成功当选华人首位女国会议员。在1981年周宝琼被任命为卫生部的政务次长，1982年又被任命为文化青年体育部部长，这是华人女性首次在马来西亚出任的副部长级别官位，是华侨女性在马来西亚迈出的一大步。在此之后华侨华人女性在马来西亚政治舞台上大放异彩，例如，2013年杨巧双担任雪兰莪州议会议长，2009年黄燕燕担任妇女、家庭、社会发展部部长和旅游部部长等，不仅对中国与东南亚各国的经济建设起到巨大作用，而且对华侨华人发展也有了一定的提升。

随着改革开放的影响，华侨华人在国际舞台上的地位提升，华侨华人重新确认自己的华侨华人身份、华侨华人文化，众多海外华侨华人通过重新学习汉语、古典书籍，借此表达对自己华侨华人群体身份的自豪和荣誉，这就为中国华侨华人女性创造了就业机会。中国文化课程的需求为当地高知识华侨华人女性创造了就业机会，不仅如此，当时中国高知识女性也前往东南亚各国教授中文知识。正如，华侨华人具有的双重文化背景，使他们在中国企业更好地"走出去"以及维护和提高中国的国际形象工作中发挥着重要作用（陈佳鸿，2019）。郑良树在其专著《马来西亚华文教育发展史》论述了新、马华侨女子教育从20世纪初到30年代的发展过程，作者认为这一时期华人女性的特点，一是集中于城市；二是比较保守，但该书对女学生、女教师和教学内容较少论及，有些观点也值得商榷。克里斯蒂娜·英加里斯（Christine Ingalis）的论文《新加坡教师职业的女性化》论述了20世纪初以来新加坡的女教师和女学生比列，对研究华侨华人妇女教育大有帮助。可以说，近东南亚华侨华人妇女研究已取得一定成果，但从华侨华人研究的整体情况看，华侨华人妇女研究一直处于边缘，许多重要的领域较少涉及，史料的发掘和整理也远远不够。

从近30年的文献来看，华人社群人口激增，总体受教育程度明显提高，华侨华人职业日益多元，经济地位不断提高，社会影响力有所增强。臧金亮（2019）总结到，对于中国经济发展来说，华侨华人作为其动力变革的关键性力量之一，如何重视华侨华人的作用，如何充分发挥华侨华人的优势，如何在更高层次和更深领域拓展其发展边界实现全方位互动，是其关注的重点问题。方长平、侯捷（2017）论述了华侨华人在中国建设东南亚软实力时作为桥梁和纽带关系所发挥的重要作用。

表 3.3　东南亚华侨华人女性新时代阶段学者观点

学者研究	研究时间	观　点	研究突出问题
陈佳鸿	2019年	华侨华人具有的双重文化背景，使他们在中国企业更好地"走出去"以及维持和提高中国的国际形象工作中发挥着重要作用	华侨在跨境企业中的作用
郑良树	1998年	华人女校的特点，一是集中于城市，二是比较保守。但该书对女学生、女教师和教学内容较少论及，有些观点也值得商榷	新、马华侨女子教育从20世纪初到30年代的发展过程，
克里斯蒂娜·英加里斯	1983年	20世纪初以来新加坡的女教师和女学生比例，对研究华侨华人妇女教育大有帮助	马来西亚华文教育发展史
臧金亮	2019年	总结到对中国经济发展来说，华侨华人作为其动力变革的关键性力量之一，如何重视华侨华人的作用，如何充分发挥华侨华人的优势，如何在更高层次和更深领域拓展其发展边界实现全方位互动，是其关注的重点问题	华侨华人对中国经济发展的作用
方长平、侯捷	2017年	论述了华侨华人在中国建设东南亚软实力时作为桥梁和纽带关系所发挥的重要作用	
施雪琴	2008年	东南亚国家以其移民与生活的"低成本"特点再次成为吸引中国女性跨国人口迁移的目的地之一	中国迁移东南亚华侨女性特征

资料来源：课题组根据相关资料整理。

施雪琴（2009）认为东南亚国家以其移民与生活的"低成本"特点，再次成为吸引中国女性跨国人口迁移的目的地之一。可以说，中国女性迁移东南亚在推动东南亚社会经济发展、中国与东南亚民间友好往来等方面贡献了巨大力量。对于华侨华人移民问题，中国与东南亚国家只有加强人口跨国迁移政策的研究与合作，才能有效地发挥人口国际流动的积极效应，减少或消除人口跨国流动的负面影响，真正地维护跨国人口流动的秩序与移民的合法权益，促进中国与东南亚民间的友好往来，推动中国与东南亚国家关系的顺利发展。

　　当代中国女性的跨国迁移数目增多是中国经济全球化与改革开放的一个成果，也表明了中国与东南亚各国和平友好相处，华侨华人女性促进了各国文化的交融，促进了中国与东南亚各国的相互了解，对推动双方社会发展具有积极且重要的意义。

第4章 东南亚华侨华人女性
创新创业调研分析

4.1 调研数据分析

根据本书的研究思路，以东南亚创新创业的华侨华人女性为研究对象，以创新创业环境作为调节变量，探究华侨华人女性创新创业动机与创新创业绩效之间的关系。研究内容主要包括两个方面：（1）华侨华人女性不同的创新创业动机对创新创业绩效的影响。（2）创新创业环境支持对华侨华人创新创业动机与创新创业绩效关系的调节作用。为了使研究能够说明现实问题，本书采用了问卷调查和访谈相结合的方法，取得了一手资料。

4.1.1 东南亚华侨华人女性创新创业所涉及行业

在项目问卷调研过程中，得知东南亚华侨华人女性在创新创业之初所选择的行业是以餐饮、娱乐、旅游等为主的服务业，占比17.78%；以中介咨询、猎头认证为主的服务业，也占17.78%；另外是IT、软件服务等互联网行业，占比8.89%；同时，根据其他行业占比达42.22%这一数据可以也可看出华侨华人女性创新创业所选择的具体方向种类繁多，不拘泥于一行或者一业，如图4.1所示：

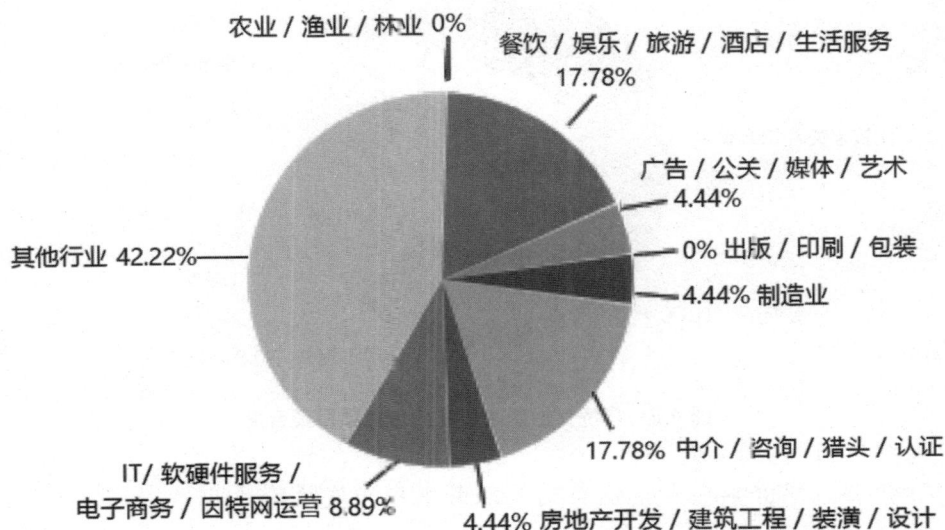

图 4.1　东南亚华侨华人女性创新创业行业选择

4.1.2　东南亚华侨华人女性专业背景与创新创业项目的相关程度

众所周知，创新创业不仅需要创新创业者的满腔热情，在投身意向行业创新创业浪潮之前也需要充足的准备和基础，或是人脉关系，或是经验见识，抑或是完备的专业知识。项目问卷调查显示，东南亚华侨华人女性在创新创业过程中，其专业背景与现今创新创业项目的契合度比较低，非常相关的只占15.56%，一般相关的只有15.56%，有37.78%的华侨华人女性创新创业者认为其专业背景与实际创新创业项目非常不相关（见图4.2）。

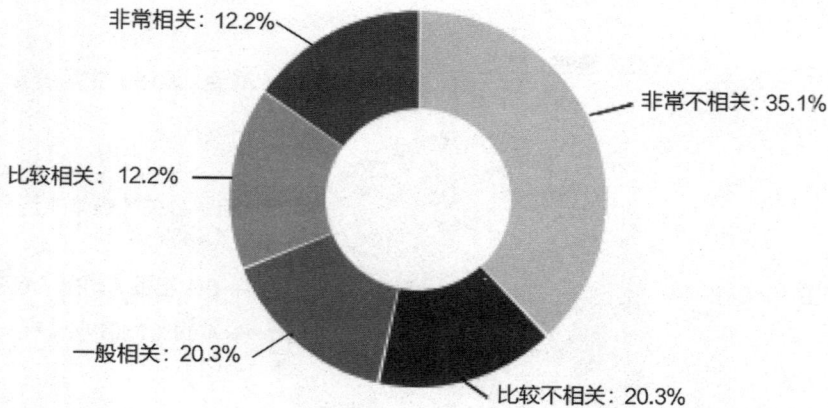

图 4.2　华侨女性专业背景与创业项目契合度

4.1.3　华侨华人女性创新创业经营规模与发展阶段

万丈高楼平地起，任何一个大型公司的发展都是由种子不断孕育与孵化而出的，由于东南亚华侨华人女性创新创业所涉猎的行业众多且问卷基数不大，因此本书采取自我评价发展阶段的方式——由东南亚华侨华人创新创业女性自行客观公正地评估自身企业经验规模与发展阶段。

问卷数据显示，再被调查的东南亚华侨华人女性中，其对企业规模的自评集中于小型企业，占比约62.22%，选择偏小型或者中等型企业的占比约31.12%，选择偏大型企业的占比约6.67%，没有人选择大型企业选项。

然而，后续将东南亚华侨华人女性自评阶段与企业发展规模结合分析得出：绝大多数东南亚华侨华人女性创业者"极为谦虚"，并有一定的保留，将自己的经营规模与经营阶段"往小了说"，较大部分的东南亚华侨华人女性创新创业虽然自我评价目前公司经营规模处于小型或者偏小型，但是实际上公司发展已经稳定迈入成长期，一步步向成熟期迈进并具备良好的发展空间，因而在小型与偏小型企业中成长期的占比都超过了50%；同时在中等型和偏大型规模的企业中，特别是中等规模企业中成熟期企业的占比更是达到57.14%，处于成熟期的企业占比也较大。此外，从调研中得知，东南亚华侨华人女性创业中也不乏较大比例的"精英"，即虽然是初创企业，但是由于起步早、有一定的资源，并依靠广大东南亚华侨华人的支持，在初创阶段就具备良好的发展潜力，因而在中等型与偏大型企业中占据一定比例（见图4.3）。

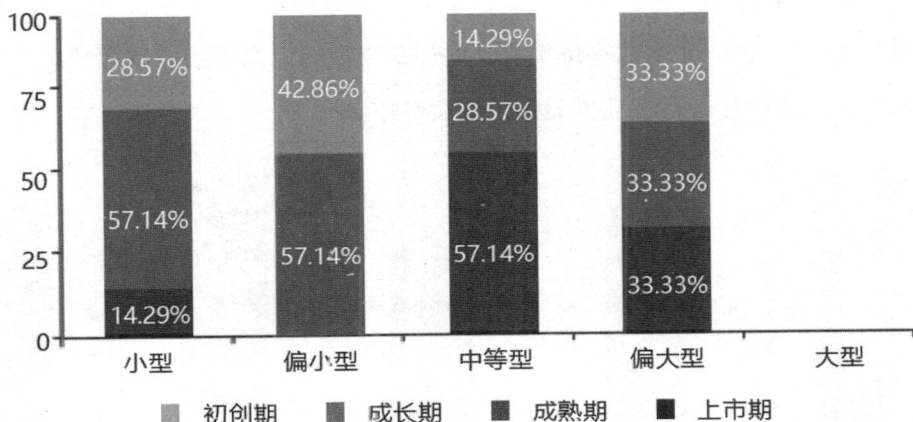

图 4.3　东南亚华侨华人女性创新创业经营规模与发展阶段

4.1.4　东南亚华侨华人创新创业女性对于国家层面、政府层面、社会层面因素认可程度

创新创业不单单需要创新创业者的一人之力，也更加需要国家、政府、社会多方的合力与支持。众多的外在因素在创新创业者执行或者传达过程是否有所"变味"或者打了折扣，是国家与政府层面特别需要重视的；同时有关创新创业的舆论，特别是社会对于女性创新创业的评价这些因素都可能影响华侨华人女性创新创业。相应的，华侨华人创新创业女性对国家、政府、社会三个层面的评价与态度倾向能够最直观、最真实地反映三大层面的情况。

本书在问卷调查中从国家、政府、社会三个层面设计问题并采取赋分制（满分5分），根据问卷数据可知，东南亚华侨华人女性创新创业在国家层面的评分为3.41分，政府层面为3.33分，社会层面为3.43分，首先，东南亚华侨华人创新创业女性对于国家层面、政府层面和社会层面因素的认可程度一般,在浅灰色区域和中灰色区域表现分数比较高,都说明政府在东南亚华侨华人创新创业方面的支持仍然不足,从另外一个方面也表现出东南亚华侨华人女性在东南亚创新创业的艰难。值得注意的是在政府指标中有一个政府提供财政补助比例比较高,占到了31.11%,政府在税收方面提供服务达24.44%(见图4.5),说明东南亚华侨华人女性创新创业得到当地政府这两项政策的支持,并在女性创业和就业方面提供培训教育。

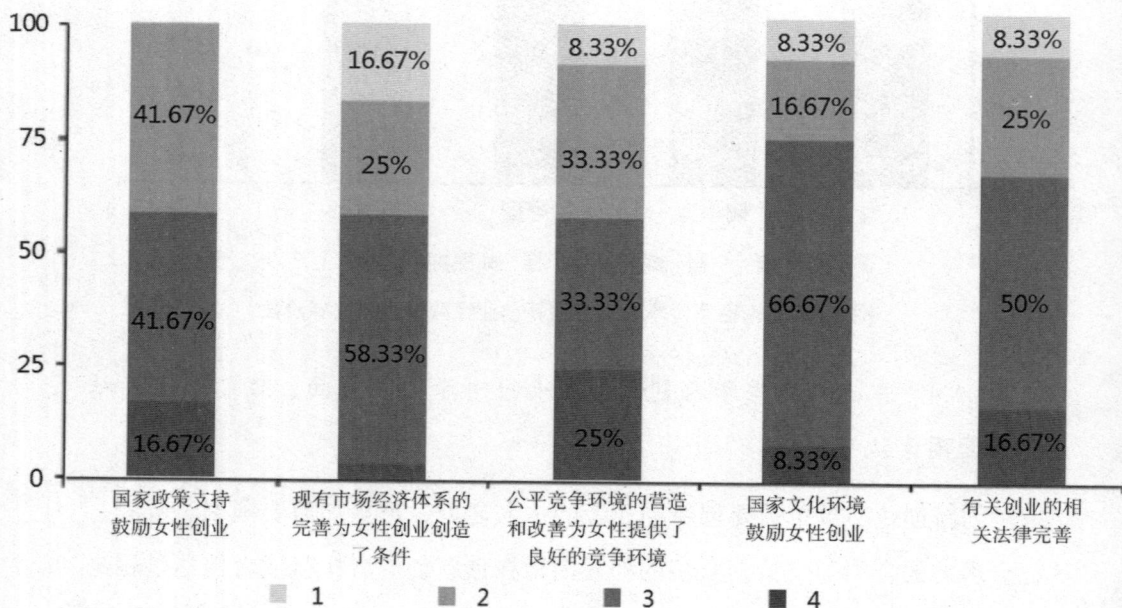

图 4.4 东南亚华侨华人创新创业女性在国家层面因素的认可程度

其次,在政府层面中,虽然东南亚华侨华人创新创业女性总体的评分较为理想,但是在政府的办事效率与创新创业政策执行率方面持不满意见的人数较多,同时可以发现,评分为4的比例相对于国家层次明显减少,大多数总体评分集中在3分(即中灰色区域),反映了政府层面对于东南亚华侨华人女性创新创业的服务还有提升空间(见图4.5)。

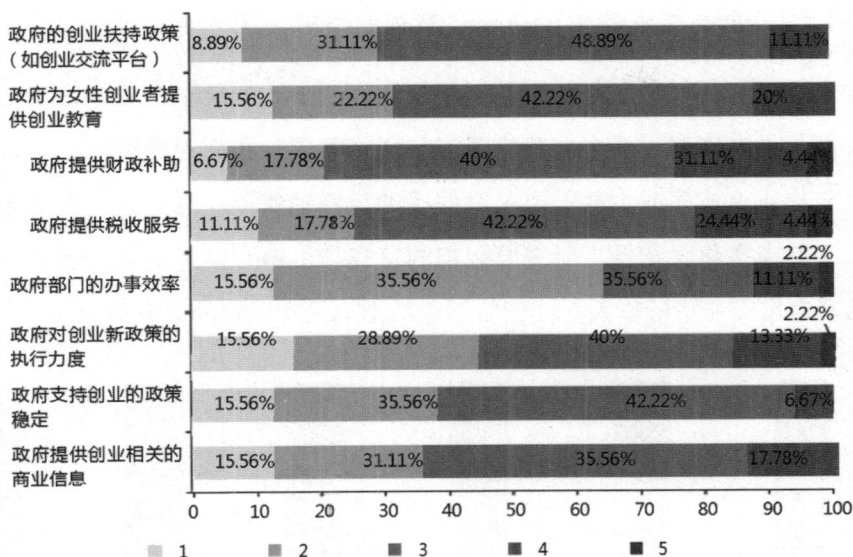

图 4.5　东南亚华侨华人创新创业女性在政府层面因素的认可程度

再次，社会层面中，东南亚华侨华人创新创业女性对以往"男女性别歧视""重男轻女"等不良社会风气与舆论的改变给予了客观评价，在人才、融资、中介信息服务等方面同样保持了积极态度，反映了社会层面的成就较为卓越（见图4.6）。

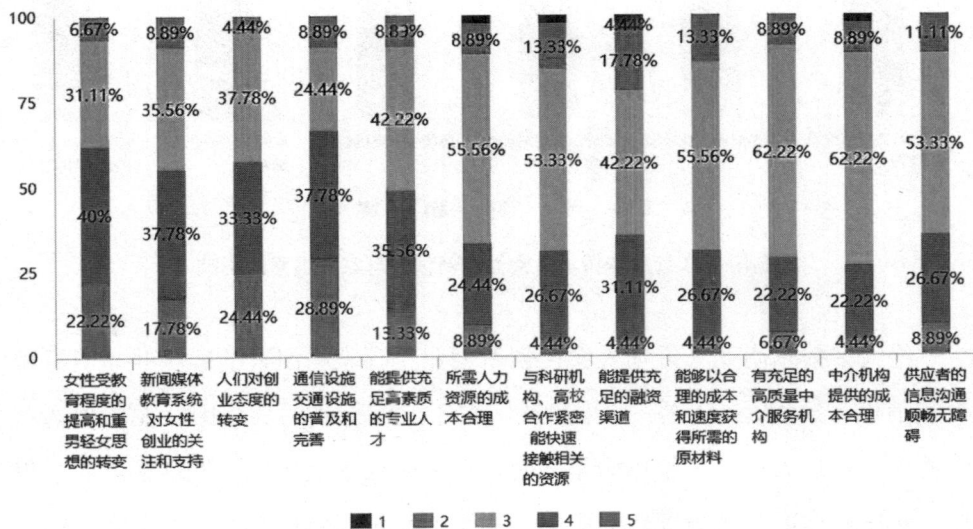

图 4.6　东南亚华侨华人创新创业女性在社会层面因素的认可程度

4.1.5 东南亚华侨华人女性创新创业与家庭因素的影响

众所周知，创新创业并不是创新创业者一个人的孤军奋战，每个创新创业者都具备在家庭生活中的身份需求与情感需求，在面对顺境与逆境时，情感上与物质上或多或少都需要家庭的援助。特别值得注意的是，东南亚华侨华人女性在文化大背景下所需要承担的家庭"主内"痕迹更重，所以分析家庭因素对东南亚华侨华人女性创新创业的影响具有一定的研究价值。

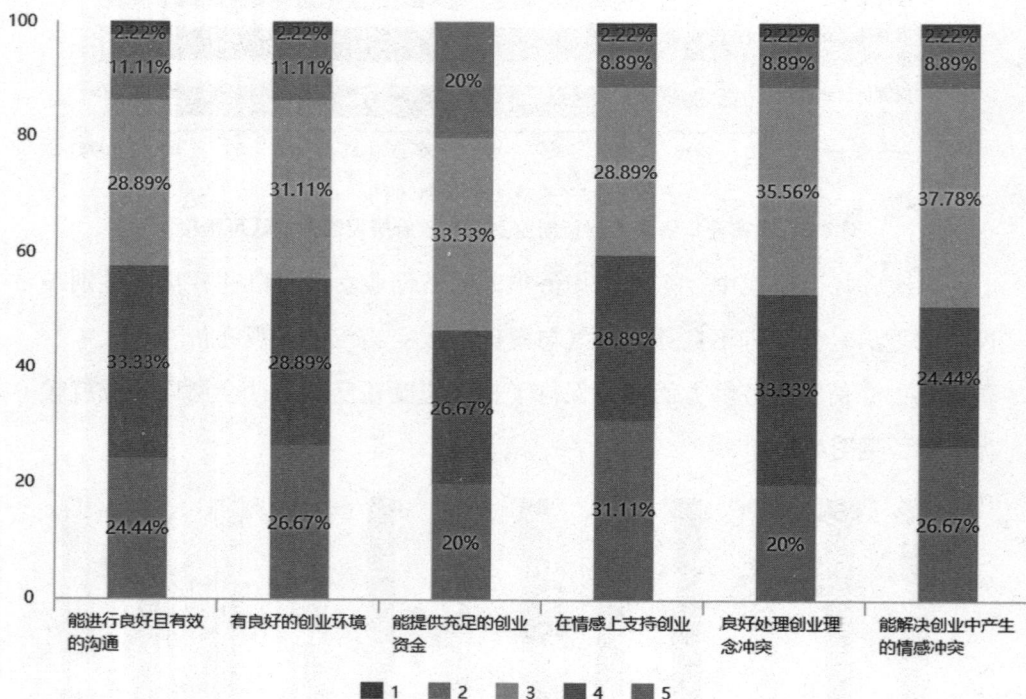

图 4.7　东南亚华侨华人女性创新创业与家庭因素的影响

绝大多数东南亚华侨华人女性创新创业受到家庭因素的影响并非明显积极或消极，反而是3分这一"中庸线"位于五道折线的最外围，在各项选项中所占比例最大，这一整体倾态表明，在东南亚华侨华人女性创新创业过程中，家庭总体的支持力度较为中庸，算不上反对，但也并不是特别支持。在后续的访谈中也了解到绝大多数的家庭将东南亚华侨华人女性创新创业视为解决生计的途径，上升到支持其个人发展与自我价值实现的层次较少。尤其在"家庭能够解决创新创业中的情感冲突"选项中，我们可以发现"中庸线"（3分）与积极线（4分、5分）之间有着明显的"真空断层"，这一现象也佐证了上述观点。在家庭视角下，东南亚华侨华人女性创新创业更多是出于家庭生计与经济开支的考虑而并非上升到完全的情感支持与鼓励，存在较多的"创新创业理想"与"家庭生活现实"之间冲突的无奈。

但是总体来说，家庭环境对于东南亚华侨华人女性创新创业的总体表现还是非常有利的，持负面评价与消极态度的仅为极少数，绝大多数家庭还是持同意或支持东南亚华侨华人女性创新创业的。

4.1.6 东南亚华侨华人女性创新创业动机分析

对于任何一个成熟的创新创业者来说，创新创业都有一定的原因。东南亚华侨华人女性在当代社会浪潮中，其创新创业动机是否存在新的原因或者新的现象，这些原因与现象能否更好地帮助她们创新创业都是需要了解和研究的。

为了深入了解和研究东南亚华侨华人女性创新创业动机，本书依据模型中"生存驱动型动机"与"机会驱动型动机"，细分了11项创新创业动机作为分析维度，并收集整理数据得出图4.8。由图4.8中我们可以清晰地得知，模型中的生存驱动型动机与机会驱动型动机与所获得数据基本匹配，华侨华人女性创新创业动机在"获得收入、增加家庭保障、经济来源"等生存层次上表现正常，符合马斯洛需求层次曲线的理念；同时在机会驱动型动机方面，"挑战自我、能力获得认可、自我成长"等反映新时代男女平等、挑战实现自我价值、大社会环境与昂扬向上的社会风气选项也获得了华侨华人创新创业女性的高度认可，均给出了较高的评分。

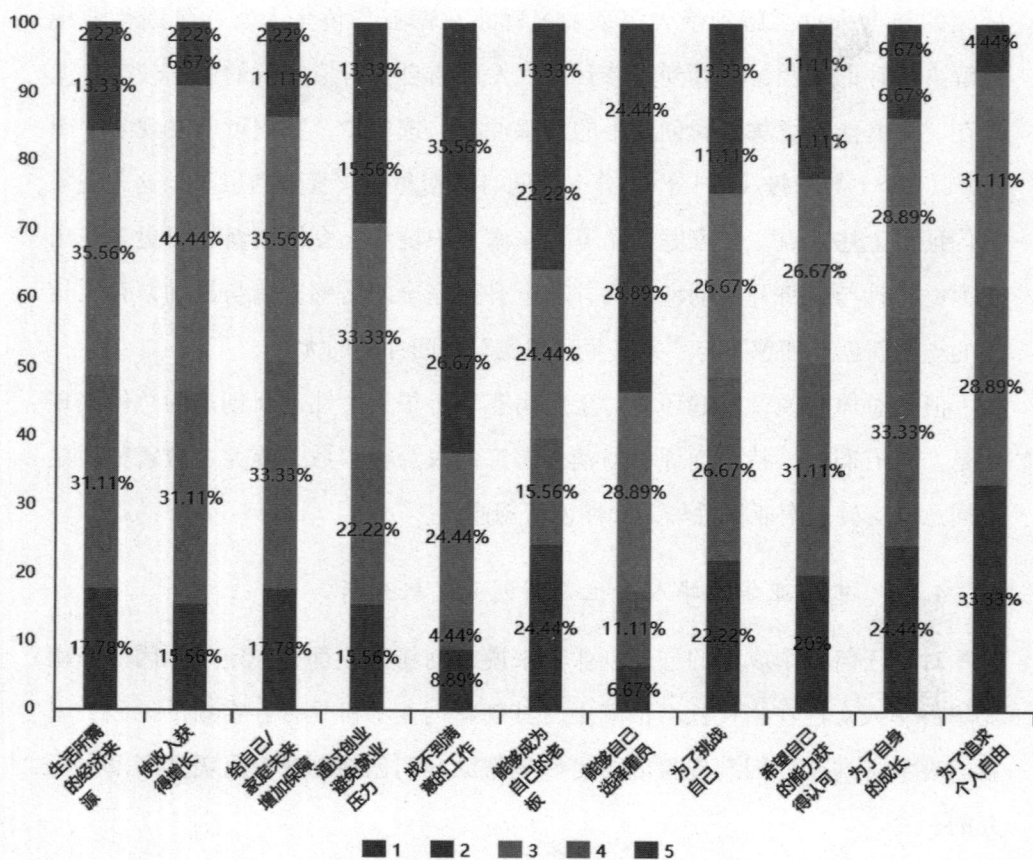

图 4.8　东南亚华侨华人女性创新创业动机

　　值得注意的是，在"找不到合适工作"的选项中，差异化与层次化的评分更加凸显了现代华侨华人女性的自信与自强——绝大多数的华侨华人女性创新创业并不是因为找不到合适的工作，而是为了追求自己想要做的事业，实现自我的价值！同样佐证这一分析便是在"追求自我自由"的选项上，满分评价"一骑绝尘"，高于其他评分层次。

　　在本书设定的"能够自己选择雇员"的选项上，则总体出现了较低评分的态势，即东南亚华侨华人女性创新创业对于雇员选择上的积极性与热衷性并不是很高，反而在"成为自己的老板"上的选择倾向更高，这两个维度交叉对比后，本书预计不乏存在"女性独特的创新创业管理思路"的可能，呈现出"淡化控制雇员"管理的特色。

总的来说，东南亚华侨华人女性创新创业动机的调研结果呈现了较为理想化且振奋人心的结果，这一良好的局面不单单是东南亚华侨华人女性家庭、个人等小环境影响下的结果，更是政府的大力支持和社会整体开放、包容、公平的风气共同作用的结果，彰显了当今华侨华人创新创业女性敢打敢拼、迎难而上、独立理性的中国人的精神面貌。

4.1.7　东南亚华侨华人创新创业女性情景选择分析

创新创业并非一帆顺风，创新创业者时刻要面对各种各样的选择与抉择，而这些选择与抉择更是关乎企业的发展与壮大，一个优秀的创新创业者，不单单需要踏实的能力，更是需要长远的目光与敏锐的直觉，在商海浮沉中作出合适的选择，带领自己的创新创业团队更好地走下去。东南亚华侨华人创业女性在感性与理性的权衡下，面对一些商业选择会作出何种判断与取舍，体现怎样的女性创新创业价值与创新创业思考，是更倾向于"生存驱动型"的求稳，还是"机会驱动型"的求突破机会，也是本次东南亚华侨华人女性创新创业情景分析的研究价值。

1. 财务困境情景分析

（1）贵公司由于错误的财务决策而陷入了财务困境，现有两种方案可以度过财务危机，您更倾向于选择：

① 30天以后有90%的可能性度过财务危机，但公司资产将会严重受损，资产总额仅存现在的50%，另有10%的可能性公司将要面临破产重组。

② 30天以后有40%的可能性度过财务危机，并且公司资产只会受到少量损失，可以保留现有资产的90%，但同时有60%的可能性公司将会面临破产重组。

（2）贵公司面临竞争对手不择手段抢占市场，企业需要投入大量资金进行价格战，否则将面临市场份额流失、市场地位下降的局面，现有两种方案可能面临的情况如下：

① 投入1亿元，有50%的可能性市场份额上升3%，有50%的可能性市场份额下降5%。

② 投入10亿元，有50%的可能性市场份额上升10%，有50%的可能性公司元气大伤，市场份额下降20%。

本情景主要是情景模拟面对财务困境时，东南亚华侨华人创新创业女性对于公司风险把控的力度标准与创新创业"赌性"的权衡。第一选项较为求稳但是会损失惨重，核心在于"求稳"的生存驱动型；第二选项较为冒险但是受损更小，核心在于"赌"，也就是机会驱动型。

通过问卷统计数据可以得出有53.33%的东南亚华侨华人创新创业女性选择第一项，46.67%为第二选项。由此可见，在面对大风险的选择时，华侨华人创新创业女性凸显了较为稳定的情形，并未出现总体的冒进，这也反映了东南亚华侨华人女性在国外创新创业时更倾向于选择稳定的行业和业务。

2. 人力选择方面

贵公司原市场总监离职，现有两名合适求职者前来应聘，您更倾向于选择以下哪位成为公司新的市场总监？

（1）甲某，在某大型国企任职10年，期间该公司市场份额保持平稳。

（2）乙某，在某外企有3年任职经验，担任市场总监期间，该公司市场份额持续上升，但盈利水平一般。

该情景关键在于考察当东南亚华侨华人创新创业女性面对激烈残酷的市场竞争时，是稳扎稳打地步步蚕食、静观其变（第一选项），还是选择激流勇进地采取快速行动击垮对方（第二选项）。

从调研的信息发现，东南亚华侨华人创新创业女性有84.44%的人选择稳扎稳打的第一项作为具体措施，从这一压倒性的选择中不难看出华侨华人东南亚创新创业女性在市场竞争中更倾向采取"生存性质"较为浓厚的稳扎稳打措施，对于机会驱动型的热衷度并不高。

3. 科技研发情景分析

由于行业科技的发展，贵公司必须在新产品的研究开发上投入大量资金才能紧跟行业的更新换代，但投入太多的研发资金可能对企业当下的经营造成负担，在此情况下，您会选择：

（1）投入1000万元对现有产品进行小幅提升，有70%的可能性在第二年获得价值50万元的回报，有30%的可能性净亏损1000万元。

（2）投入1亿元开发新产品，有50%的可能性2年后能将新产品投入市场，公司预计实现净收益500万，有50%的可能性净亏损1亿元。

该情景主要用于分析东南亚华侨华人创新创业女性对于科技核心的重视度与作为一个创新创业者目光的选取。从调研分析中，我们得出，73.33%的东南亚华侨华人创新创业女性倾向于第一个选项，也就是求稳，而并非大刀阔斧选择全力投入新科技研发，这种求稳"生存驱动型"导向与所提及的市场竞争求稳相符合。

4. 法律情景分析

假设某企业起诉贵公司侵犯该企业的专利权，贵公司可以选择庭外和解或者法院判决，庭外和解和法院判决可能面临的结果如下：

（1）贵公司选择庭外和解，赔付某企业50万元。

（2）贵公司选择法院判决，有50%的可能性需要赔付100万元，50%的可能性无须赔付任何款项，只需支付少额的诉讼费用。

该情景主要模拟当东南亚华侨华人创新创业女性面临法律专利等问题时，更加倾向于"私了和解"的"生存求稳"，还是坚持法律交锋但是可能会影响业绩与企业声誉的"机会驱动"。

由数据分析，我们得出，选择第一项与第二项的东南亚华侨华人创新创业女性约各占一半比例（见图4.9）。

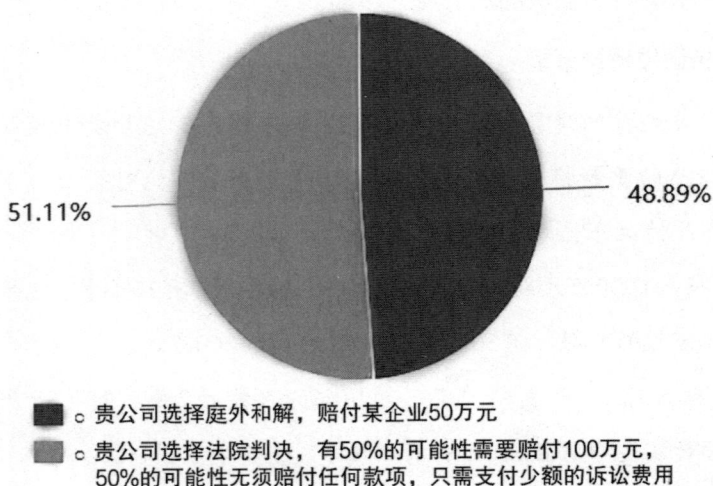

圆形图标 ○ 贵公司选择庭外和解，赔付某企业50万元

圆形图标 ○ 贵公司选择法院判决，有50%的可能性需要赔付100万元，50%的可能性无须赔付任何款项，只需支付少额的诉讼费用

图 4.9　东南亚华侨华人创新创业女性面临法律专利等问题时的处理方法

这均衡的选择比例也从侧面反映了目前东南亚华侨华人创新创业女性对于解决这一类法律问题的视角更加多元化，受创新创业者自身性格和阅历等内在因素影响较大，较少受外在因素的干扰。

4.2　东南亚华侨华人女性创新创业访谈分析

东南亚华侨华人是目前全球最大的移民团体之一，华侨华人团体涉及贸易、科教和文化等领域，规模不断壮大、影响力日益扩大。而全球华侨华人中，有4000多万人口分布于"一带一路"沿线国家，其中新经济走廊是华侨华人数量最多的区域，占"一带一路"沿线国家所有华侨华人总数的95%以上。在本书的撰写过程中，利用网络关系资源实现了对东南亚创新创业的华侨华人女性的问卷调研，同时运用面谈、视频和语音等方式对其中的几位女性进行访谈，加深了对这一群体的了解和认识。

从创新创业规模以及创新创业主体来看，东南亚华侨华人女性创新创业过程属于阶段式的递进。在初期阶段，由于东南亚女性创新创业者对市场不熟悉以及创新创业根基尚未稳固，通常为个人创新创业或是两三人的合伙创新创业，规模较小。当熟悉行业市场政策、社会资本积累较多以及自身经验较为丰富的时候，就逐渐演变为公司型的创新创业或是资本式创新创业，规模相对扩大。根据访谈内容，在东南亚创新创业的华侨女性其创业规模大多属于渐进性的扩大，只是其扩大程度因创新创业者的人格特质和行业类型而有所差异。诸如林娟女士所从事的建筑行业，起初只提供人工安装服务，随着发展进程的不断加快，工程量增大、订单需求量增多，其公司内部人数由开始的10个左右增加到现在的上百，公司内部也形成"设计+生产+安装"的规范化体系。杨欢女士所从事的美容行业，其人员以家族成员为主，较少聘用外部人员，且规模相对较小，但也经历了经验积累和客户积累的过程。施咏晴女士所从事的教育行业主要涉及出国留学服务，工作室人员虽然比一开始的两三人有所增加，但是也控制在了10人以内，经历了从单打独斗到专业运营，从单一业务到系列业务配套整合的过程。从行业类型看，行业本身与创新创业规模有着紧密的联系，行业涉及业务越广泛，其创新创业规模的发展相应也就越大，这在访谈中也有涉及和体现。在人格特质方面，通常更具冒险精神、风险承受能力更强的人其规模更大，反之，则是小规模的缓慢发展。

通过访谈了解到，在东南亚华侨华人女性从事创新创业之前，往往都从事过一份甚至是几份工作，这些工作与创新创业所涉及的领域相关性可能并不强，甚至没有关系，但是在之前工作场所接触的各种资源和经验往往成为她们创新创业的契机，这说明了东南亚华侨华人创新创业女性在国外都有经历陌生、稳定、寻求发展的过程。同时，根据问卷以及访谈内容得知：

（1）东南亚华侨华人女性在初次创新创业之前往往有过一定的工作经历，且年龄大多集中在30—45岁左右。在这个年龄阶段，创新创业者通常都积累了一定的社会经验以及社会资本，对于所处环境的各方面都有一定程度上的了解，其创新创业的动机也日趋显著，具体包括生存驱动型创新创业和机会驱动型创新创业，即一部分创新创业者是为了改善现有的生活状态或者是协调家庭与工作之间的矛盾而选择创新创业，另一部分创新创业者则是希望通过抓住市场机遇在事业上拼搏，寻找成就感。

（2）东南亚华侨华人女性创新创业者的学历主要集中于高中、大专和本科层次。虽然学历起点和专业都有所不同，但是在创新创业过程中，她们一直在努力进修学习，拓展自己的知识面，改善管理方法，提升管理能力及对市场的分析、把控能力。正如我们所谈到的林娟女士，其公司滚雪球式的发展扩大让她意识到，公司的发展需要更加规范化的经营，她努力提高自己的学识水平和管理水平，先后在新加坡和国内攻读了大专和本科，又继续攻读华侨大学MBA；施咏晴女士和杨欢女士为了把自己的公司做得更好，同样是带着问题持续学习，钻研创新创业思路和方法。同时，为了提高员工的素质和技术水平，她们经常对公司的员工进行一定的培训，这种思维和行动都有助于公司的长期发展。

东南亚华侨华人女性创新创业者所涉及的领域主要是制造业和服务业，其主要原因是各地对于制造业和服务业的扶持政策较为全面，起步低、市场需求量较大，对初次创新创业而言，前期创新创业的难度相对较小。

整体而言，东南亚华侨华人女性创新创业成功与否，除了与自身个性特质、创新创业动机及社会资本积累有关，还与当地的创新创业环境紧密相关，即创新创业环境中的各种资源都会影响企业的发展。通过访谈汇总，我们对东南亚华侨华人女性的创新创业特点分析如下：

4.2.1 创新创业年龄

根据调研数据显示，东南亚华侨华人创新创业女性年龄偏大，31—50岁占总调研人数的41.9%。主要集中在中龄区域，即有过一定的工作经历，拥有一定社会资源，家庭能够在内部支持创新创业女性。这类女性拥有较好的经济基础，同时她们希望通过创新创业得到更多的尊重，寻求更好的物质环境。如本书采访的三位新加坡华侨华人创新创业女性都是在中年时期开始创新创业的，具备一定的创新创业基础。如杨欢女士在从事美容业之前，因为有绘画基础，所以在美甲方面做得十分出色，故而被美容学院留下做顾问老师；施咏晴女士在做留学顾问之前就已经帮助几位友人的子女成功前往新加坡留学；而林娟女士之前在企业工作的背景、专业知识及积累的资源，也成为她创新创业的优势。正如费涓洪（2004）所说：女性创新创业之前的职业或教育背景与其所选择的创新创业领域之间会存在一定的关联，在创新创业期间家庭与伴侣会提供大部分支持援助。

4.2.2　创新创业者学历

根据问卷数据显示，东南亚华侨华人创新创业女性学历居中等水平，高中、大专与本科生占77%。只有35%的华侨华人创新创业女性会选择与自己本身专业无关的领域，其余65%为华侨华人女性创新创业者所经营的内容与自身专业存在一定关系。

正如本书所采访的三位新加坡创新创业女性，都是获得高中以上学历后去新加坡工作，然后在新加坡攻读本科及在华侨大学新加坡校区攻读MBA，经常参加各类创新创业培训，通过学习各种新的知识获取和掌握新的商业模式，为创新创业赋能。根据访谈可知，东南亚本地创新创业女性大多为文科专业且以本科学历为主，其关键是保持了持续学习的状态和行动。

4.2.3　创新创业市场范围

东南亚华侨华人女性创新创业者与本地创新创业女性的客户都包含华侨华人群体与本地人群体，在东南亚华侨华人女性创新创业者的客户群体中，华侨华人客户群体的占比较大。如本书的访谈对象施女士，从事新加坡留学服务，接触的客户群体多为华侨华人，利用华侨华人圈进行宣传帮助其获得市场。从事美容服务行业的杨女士，所服务的客户多为华侨华人女性，凭借与华侨华人之间的网络关系获取客户，在此基础上不断扩大自己的客户群体，从而延伸至本土客户；同样的，林女士在从事家居建材行业后，将国内的产品销售到新加坡地区，其客户群体从以华侨华人为主逐渐转变为以本土客户群体为主。

目前国际经济环境复杂多变，海外华侨华人的传统行业和传统经营模式不具有可持续性，在创新创业过程中必须及时进行转型升级。当前科技创新日新月异，世界正在经历新一轮的科技革命，以信息技术、智能技术、生物技术、新材料技术、新能源技术为代表的新技术正在成为引领未来经济发展的重要力量，海外华侨华人应正确看待这种发展趋势。

互联网行业和由互联网技术引起的行业变革是当今海外华侨华人创新创业的方向之一，也是海外华侨华人的重要赋能手段。海外华侨华人原本就具有长期从事国际贸易和产品销售的经验，若能抓住跨境电商这一贸易新模式，则能成功实现商业模式转型，进入下一个利润快速增长期。

4.2.4 创新创业资金

和国内的中小企业相似，融资难也是东南亚华侨华人在投资和经营方面面临的主要问题。尽管东南亚华侨华人女性创新创业者所需资金较少，但相对于本土女性创新创业者，她们创新创业起点底、社交圈较小、创新创业资金来源少，虽在一定程度上得到了家人的支持，但其资金来源主要为原有工作经历产生的积蓄，这对于在异国他乡的创业者来说还是一笔不小的支出，而且这种投资如果回收期比较长，她们的创新创业就更困难。本书所采访到的杨欢女士，其创新创业资金源于之前在美容学校做教师的积蓄，施咏晴女士的创新创业资金源于之前在幼儿园工作时期的积蓄，林娟女士的创新创业资金源于家人的支持及在新加坡电子厂工作时的积蓄。而本土女性创新创业者之所以起点高，是由于社交圈相对较广和对环境比较熟悉等，这使她们的创业相对比较容易。虽然东南亚华侨华人女性可以从香港、伦敦、纽约和新加坡等金融市场融资，但是，其所拥有的融资途径仍然较为局限，一般情况下东南亚国家也较少有切实的资金支持和政策支持。总之，东南亚华侨华人女性在投身国内外经济建设、参与"一带一路"建设的过程中，良好的金融服务和资金支持对于她们而言是非常重要的保障。

针对海外华侨华人企业，金融机构应该提供便利的融资渠道。对符合中国产业结构调整的企业，要给予从银行获得便捷、低息贷款的优惠政策。同时，政府可以搭建银企合作平台，重点协调解决海外华侨华人企业和银行间的关系，为海外华侨华人提供融资便利。中国政府建立的中国侨商银行，就是为海外华侨华人提供服务的金融体系。成立侨商银行，可以帮助海外华侨华人解决"融资难"的发展瓶颈，推动资金不足的中小微海外华侨华人企业实现跨越式发展。要充分利用海外华侨华人在当地的影响力，扶持海外华侨华人参与"一带一路"建设。

4.2.5　创新创业规模

与本土女性的创新创业项目相较而言，东南亚华侨华人女性的创新创业规模一般都较小，其项目多集中在零售业与服务业，因为这些行业进入成本相对较低。根据问卷数据可知，东南亚华侨华人女性创办的企业，其人员在1—50人之间的属于小型企业，各国和各地区在用人方面都有相应的标准。例如，在新加坡政府对当地企业所雇佣的员工有一定的结构标准，服务业需要雇佣10个新加坡籍员工才能雇佣1个非新加坡籍的员工，这对于我国华侨华人女性在新加坡开拓服务行业构成了一定的障碍，当然这种员工配比政策与企业规模和企业性质存在一定关联。

如本书所采访的从事留学行业的施咏晴女士和从事美容行业的杨欢女士，她们的经营领域从属于服务业，所雇佣的员工都在10人以内，属于小型服务类企业，所以在员工招聘上受配比政策影响较小。虽然林娟女士创办的制造企业雇佣人员较多，属于中型企业，但由于制造业是新加坡政府所扶持的行业，不受人员配比政策的影响，所以其员工多为华侨华人，公司也会为其提供两年回国探亲一次的假期，并报销往返的机票费用。

4.2.6　家庭支持程度

根据访谈得知，东南亚华侨华人创新创业女性家庭内部一般都会支持其创新创业。因为有了家庭的华侨华人女性在出国时会更多地考虑子女教育问题，但异地使其无法有效平衡家庭与工作，因此创新创业也成为女性解决这一矛盾的出口。通常家庭会为创新创业女性提供经济上的帮助与精神上的支持，通过利用家庭社交网络获取客户源和可供发展的产业资源等。

如本书采访的林娟女士就是为了孩子的教育问题选择创新创业；施咏晴女士的创新创业也是源于国内朋友和家人的小孩想出国留学这一契机，她利用自身资源帮助其进行留学规划，有了一定的经验积累和口碑传播后，越来越多的客户闻名而至。

与海外大部分女性创新创业者相同，东南亚本土创新创业女性在专业领域或技术领域获得配偶的支持，其中一部分本土女性创新创业者的父辈也是自主创新创业者。经营家族化是海外华侨华人经营管理的显著特征。这种经营管理方式是所有权与管理权的融合。在创新创业期和企业发展的初期，家族化经营模式的优势明显，家庭的支持对创新创业的发展至关重要。但随着业务范围的扩大和企业的不断发展，尤其是当创新创业的一代年龄逐渐增大，若不能及时引进现代化公司治理模式，家族化经营模式将会显现出其弊端。

4.2.7　创新创业经历

根据所收集的数据可以看出，东南亚华侨华人女性创新创业者大多拥有一两次的创新创业经历，77%以上的东南亚华侨华人创新创业女性曾经历过创新创业失败，甚至46%的华侨华人女性经历过两次以上的创新创业失败。

女性创新创业一次性成功的比例较男性一次性创新创业成功的比例低，这也许与女性创新创业的行业或女性创新创业的心态等方面有关，而东南亚华侨华人女性较东南亚本土女性的创新创业成功概率较低，这主要是因为东南亚华侨华人女性在人际关系和资金方面受到了一定的限制，所以创新创业失败的概率较大。

　　本书所访谈的三位华侨华人女性，其中施咏晴女士与杨欢女士属于初次创新创业，创新创业的规模不大且处于发展期。林娟女士的创新创业已经处于成熟期并计划二次创新创业以实现公司的优化升级和规模扩大。这三位创新创业女性由于前期工作经历丰富，在新加坡地区拥有华人网络支持，所以在发展自己的项目时相对顺利。

第二篇

东南亚华侨华人女性创新创业影响因素分析

第 5 章　文献综述

5.1　理论基础

5.1.1　社会认知理论

20世纪80年代初，班杜拉（Bandura）在社会学习理论的基础上提出了社会认知理论，认为学习是个体与所处的环境进行交互与联系的主要方式之一，学习是个体进行观察、思考、思维、选择、接受、处理等一系列行为的综合过程，在这个过程中，学习不仅会受到个体自身特质（如价值观、情感、意志和态度等）和环境（文化氛围、政治环境以及人际关系等）的影响，而且当个体从学习中接受信息后又会反过来影响自身和环境。社会认知理论结合内因决定论和外因决定论两种理论，指出个体认知与所处环境对人的行为影响都非常大，即行为、环境和个体三因素是互为因果、动态互惠的关系，首先，虽然个体的技能是环境作用下的产物，客观的环境可以通过人的主动认知发生变化，但是是否产生有利的变化更多地取决于个体的认知把握①；其次，环境会在较大程度上对个体的期望、情感偏好以及信念等产生影响，进而影响个体的行为方向和强度，但是个体也能发挥主观能动性，通过改变环境甚至是创造一个新的环境来满足自己的需求；最后个体自身的情

---

① 丁明磊，刘秉镰. 创业研究：从特质观到认知观的理论溯源与研究方向［J］. 现代管理科学，2009（08）：20-22.

感等主体因素会对其行为方式产生直接影响作用。同样的，个体自身行为所带来的内部反馈和外部结果又会对其情感、态度等主体因素产生影响。任何两者之间的关系都随着个体的认知、行为以及环境的变化而不断变化，从而形成"三元交互决定论"。换言之，"三元交互决定论"是从环境、个体认知以及行为中的互动关系考虑人的认知发展与行为表现，行为又是由互动的环境和个体认知所决定的。但在不同情境下影响程度不同，且这种交互影响不会同时发生。按照此观点，人不仅是由外界环境所塑造的抑或由潜在内驱力所推动的反应机体，更重要的是自我组织、自我反省和自我调节的主动性存在。

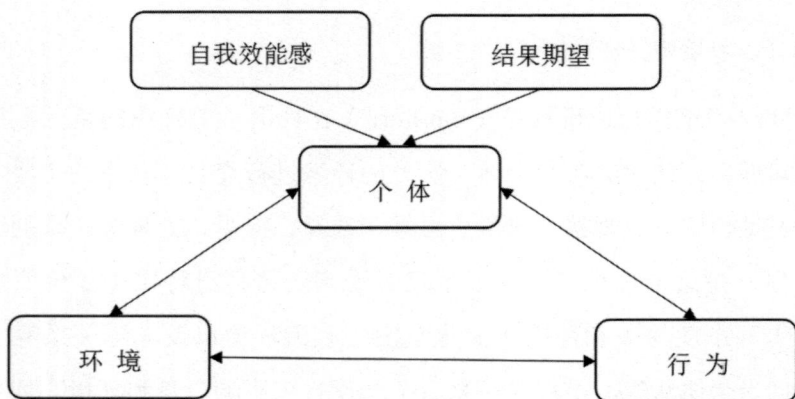

图 5.1 社会认知理论模型

如图5.1所示，班杜拉的社会认知理论是在对以往行为理论的基础上进行深入研究，强调人的社会性，并在认知心理学的理论指导下形成的，对人的行为进行综合分析的一种理论工具，这为理解人们行为、认知和环境之间的关系提供了框架，为研究者探索影响创业过程的因素和作用机制提供了更好的视角，成为重要的研究基础和前提。在社会认知理论中，个体主要通过观察学习这一方法形成自己的思想和行动，观察者根据被观察者在一定情境中的行为及后果感知某些信息并进行认知加工，进而影响自身行为，这包含一系列复杂、内化的思维过程，而非简单的行为重复过程。个体认知因素是以"认知的、情感的和生物的事件形式存在的"，是"人们如何思考自身和社会性世界，或者说，人们如何选择、解释和使用社会信息来作出判断和决定"。其中包括个人对自己的信心感知、动机、情感态度以及结果目标取向等因素，强调了人的主观社会认知在特定情境中的影响作用。班杜拉认为决定个体行为的主要认知因素包括自我效能感和结果期望。自我效能感是个体基于自身能力的主观评估对于自己在某一特定情境中完成某项任务的一种信念，并不等同于个人实际所具备的能力，是个人认知层面主观的能力评估与信念，是个体行为、主体认知和环境交互作用的核心，影响个体作出何种决定、采取何种行为。在知识分享行为研究中，大量实证结果表明自我效能感是影响用户知识分享行为的重要因素之一。基于社会认知理论中的三元互惠关系，环境对自我认知也有着重要影响，直接影响自我效能感即对自己能力的判断。结果期望是个体在行为实施之前对行为产生所带来结果的一种预期，是确定行为的有效驱动因素之一。班杜拉指出：人们的行为建立在对将来结果的预期之上。预测的结果被划分为不同层面：可能是生理层面的，也可能是社会层面的，还有自我评估层面的，例如对自我价值的认知与满意。众多的实证研究表明，不同的结果期望对个体采取行动具有不同的影响。环境因素是指个体在不同的社会网络环境中的客观条件，包括所处氛围和外在资源等。因为个体所处环境、行为的不同将会形成不同的环境系统。社会认知理论虽然没有对这种社会网络情境作出具体的描述，但是指出个体行为是所处情境中的社会网络和个人认知共同作用的产物。从认知角度出发，有助于研究者更好地了解创业者思维，明晰创业原因、动机与意向，揭示创业过程动态性和复杂性背后的本质因素。

5.1.2　社会支持理论

社会支持理论最初起源于心理学研究领域。科布（Cobb，1976）提出社会支持是通过信息交换使得用户主体确信自己能够在某个具有相同义务的社区中感到关爱和尊重。此后，不少学者从社会行为性质、社会互动关系以及社会资源作用等角度对社会支持定义。从社会行为性质角度看，社会支持作为促进社会发展的重要力量和因素，是一种来自他人的支持性行为，是对支持获得者克服压力的能力和信念的一种肯定，能够帮助个体提高适应社会的能力；从社会互动关系角度看，社会支持被定义为一种依存关系，连接了个体与社会关系网络，使个体能从群体中获得情感和信息支持，减轻适应压力；从社会资源作用角度看，社会支持被认为是潜在的社会资源，是个体之间的资源信息交换，是一种帮助个体获得信息从而减轻应对压力的行为。总的说来，社会支持可以分为肯定性支持、情感性支持和帮助性支持。它作为一种客观存在的事实，一直存在于人们生活中，最早被应用于心理学领域，此后有学者在有关创业的研究中认为社会支持作为创业者获取外部资源的有效途径之一，是创业者从社会网络中获得的各种有形和无形的关心和帮助，对于创业者的创业认知、创业情感和行为乃至创业绩效都起着催化作用[①]，是影响创业者继续创业或退出创业的重要因素之一。也有学者从支持系统以及与个人的连接出发，认为社会系统中各种社会关系都会对人们产生主观和客观的影响，进而探究促进个人发展的路径。该基本理论指出，由社区、社会网络、家庭和朋友等提供的以及被个体所感知到的实际的工具性或者表达性支持共同组成个体的社会支持系统，对个体而言，其发展与成长不仅受到个体内在因素的影响，外界环境以及环境与个体的互动与表达也是不可忽略的重要因素。

社会支持的分类一般是从社会支持来源和社会支持行为性质两个方面进行研究，其中，从来源角度而言，主要包括来自家庭成员内部的家庭支持、来自周围朋友的朋友支持以及从政府部门获取的政府支持；从行为性质角度

---

① 鲁喜凤，郭海. 机会创新性、资源整合与新企业绩效关系 [J]. 经济管理，2018，40（10）：44-57.

来看，主要分为信息支持、情感支持、陪伴支持和有形支持等。在不同情境下不同类型的社会支持均会对个体的行为产生影响，创业过程中个体所接收到的社会支持越多，执行某一行为时个体的期望和主观评估也就越高。尽管人们可以利用社会系统中的家庭、朋友、组织和社会等各种途径去获取各种类型的社会支持，但只有充分利用这些帮助才能实现社会支持的价值（肖梦洁，2015）。该理论充分考虑个体内外因素的共同作用，既强调外界系统的支持性作用，也重视个体自身的感受以及对环境的理解与运用。从本质上看，社会支持是一种心理现实（Barrera & Ainlay，1983），重视个体的适应性问题，对于个体而言，支持系统的基础保障与力量提供作用不可或缺，并且个体对周围环境的觉察与利用亦是关键之笔，基础保障必不可少，发挥作用促进发展是其存在的本质意义。

5.1.3　职业选择理论

职业作为社会劳动分工的产物，是劳动者利用自己的知识或技能来参与社会劳动获取合理报酬、满足自身在物质层次和精神层次中所需求的具有一定特征的社会工作类别。被看作以目的为导向的行为，是一种潜在的品质，既包括个性品质特征，也包括个人与环境相互作用的特征。可以根据个体所作出的不同反应的可能性和倾向性进行预测。霍兰德职业性向理论即类型论，他认为职业选择是个人人格的延伸，人们通常会寻找适合个人人格类型的环境，锻炼相应的技巧与能力，他的人格和所处的环境相互作用与个人的行为表现，同时也是人们在工作选择和经验中表达自己个人兴趣和价值的表现。在这个理论中他把职业类型分成六种类型，即现实型、研究型、艺术型、社会型、企业型以及常规型，这六种职业类型可以按一个固定的顺序排成一个六边形。

現实型 (R)   研究型 (I)

常规型 (C)   艺术型 (A)

企业型 (E)   社会型 (S)

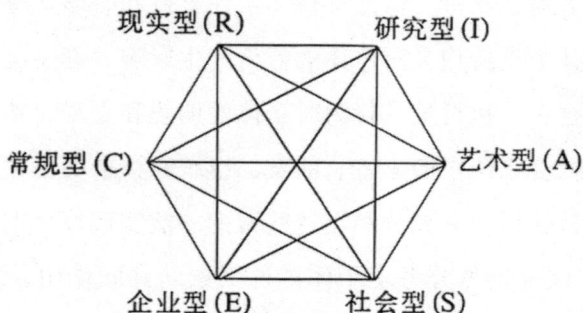

图 5.2　霍兰德职业性向理论模型

5.1.4　需求层次理论

美国人本主义心理学的创始人亚伯拉罕·哈罗德·马斯洛于1943年发表的《人类动机理论》首次提出需求层次理论，这是心理学领域的一次理论革命，同时也为其他领域的相关研究提供了新的视角和思路。马斯洛需求层次理论将需求分为生理需求（physiological needs）、安全需求（safety needs）、爱和归属感（love and belonging）、尊重（esteem）和自我实现（self-actualization）五种类型。虽然之后他在原有基础上增加了求知需求和审美需求，但是被广泛接受的仍然是原来五个层次的划分。其中生理需求是最基础的需求，如果一个人在生活中的很多需求未得到满足，那么实施行为的主要动机就很有可能与生理需求相关。而当生理需求相对充分地得到满足后就会产生新的需求，这种新的需求会伴随着人们自身所处环境的改变而不断向更高需求层次迈进。在特定一段时间里会有一种需求占据主导地位，成为该阶段的优势需求，并且当出现新的需求时原有需求并不会消失，只是对人行为的影响力会有所减弱。

从现实角度而言，在生理需求阶段和安全需求阶段，创业者会极大地考虑创业所伴随的风险是否在承担的范围之内，围绕生存目标开展自己的创业行为；而在爱和归属感、尊重和自我实现阶段，创业者会希望自己融入群体、融入社会，通过实现目标得到社会的尊重，拥有一定知名度和认可度，甚至是回报社会。在马斯洛的需求层次理论基础上，奥尔弗德提出了ERG需求层次理论作为对马斯洛需求层次理论的补充。该理论认为人的心理需求主要包括生存需求（Existence）、关系需求（Relatedness）和成长需求（Growth）三个部分。其中生存需求与人们最基本的物质生存需求有关，是对马斯洛提出的生理需求和安全需求的概括；关系需求是人们在人际交往中对归属感的要求，对应马斯洛的爱和归属感以及尊重需求部分，最后成长需求是指个人谋求成长发展的内心愿望，对应马斯洛的自我实现需求部分。需求满足时指人的低层次需求得到实现后不会立刻向高层次需求发展，只有需求达到一定量上的满足，才会向更高层次迈进，这个阶段是量与质的互变过程。

目前需求层次理论主要应用于企业管理、高校教育以及文学作品分析中。在企业管理中，由于变化性的存在，员工的某种需求得到满足以后，就会有另一种需求取而代之，并且大多数人的需求结构都十分复杂，因此企业需要进行多种激励手段，既考虑物质层面的奖励，也要考虑精神层面的奖励。针对存在的激励机制单一问题以及人才供需不平衡的问题，运用马斯洛需求层次理论可以提出相应的建议推动企业良好运行。张强根据新时期员工需求发生的变化，结合马斯洛需求层次理论制定关于员工激励机制的应对机制，指出企业若想解决激励机制和员工需求不匹配的问题，就需要增强员工激励机制的有效性。[①]同样的，也有学者在需求层次理论的基础上为人才引进机制体系提供合理建议。在高校教育中，通常需要关注学生的心理状况，结合该理论从社会需求和学生自身需求角度出发，能够充分挖掘学生的潜质（孟庆涛，2017）。在文学作品分析中，结合该理论不仅可以对人物进行解读，对作品有一个深层次的了解，还可以了解到作品的时代背景（刘璐，

---

① 张强. 基于马斯洛需求理论的员工激励机制再思考［J］. 人力资源管理，2016（12）：128-129.

2015）。目前该理论广泛应用于创业领域中，但是创业过程与创业者的需求以及个人特质存在紧密的联系，心理学家通过实验发现，如果一个人心理需求得到了满足，就渴望向需求增长方向靠拢，进而实现自我价值与他人的尊重，尤其是东南亚华侨华人创业女性的需求发展等值得进一步探索。

5.2 创新创业动机综述

5.2.1 创新创业动机的相关概念

动机是促使个体向某一目标前进以及开展相关活动的内在驱动力[①]，是构成人类大部分行为的基础，任何个体在其所处的环境中作出的行为以及行为将产生的影响和结果都可以追溯到相应的动机进行分析。在创业领域中，如何界定创新创业动机还是要将"创新创业"与"动机"结合起来。首先创新创业是人们的行为过程，这个行为过程通常表现为：为了建立新组织进行搜寻机会、评估机会价值以及组织资源开发机会等一系列的过程。而这一系列的行为都需要人们"愿意"，即人们创业行为背后的驱动力——创业动机。罗比乔德（Robichaud，2001）把创业动机看作创业家通过经营所属的企业来寻求目标的实现，创业家的目标决定了其行为模式，进而决定了创业是否成功。谢恩和洛克等（Shane & Locke，2003）强调了"人"的作用，认为创业动机是个体的一种意愿和一种自发性，这种意愿会影响人们去发现机会、获取资源以及开展创业活动。也就是说，即使是面临同样的创业机会，由于创业者的创业动机不同，对机会的感知能力以及认知不同，其创业结果也会因此产生差异。西泽（Nishizawa，2002）认为创业动机是个体因素和环境因素共同作用的结果。鲍姆和洛克（Baum & Locke，2004）则认为创业动机是创业者在向某一目标前进时所产生的驱动力。何志聪（2004）和曾照英（2009）等认为创业动机不是一个抽象的概念，是激发、维持、调节人们从

---

① 杨隽萍，宋猛，肖梦云. 基于认知视角的创业动机研究［J］. 经营与管理，2017（07）：54-57.

事创业活动并引导创业活动向某一目标前进的内部心理过程或内在动力。这种内在动力能够激励创业者主动寻找和把握机会，实现创业成功。

综合已有研究发现创新创业动机的主要功能包括激发、导向和维持。首先，它可以激发主体有意识地去关注、搜集有关创业机会的信息，通过已有的知识判断机会的价值进而抓住机会进行资源整合等一系列的创新创业活动；其次，创业本身就是一个十分复杂、艰难的过程，创新创业动机会不断促使创业者朝着目标努力，不至于迷失方向；最后，创业过程中存在潜在的风险和未知的困难，这对创业者而言是极大的考验，创新创业动机能够帮助创业者保持创业激情和信心，促使其继续进行创业。在本书中，将创新创业动机看作个人性格特质以及环境因素双重驱动下的产物，围绕人自身的需求驱动个体实施创新创业行为，并且动机在创新创业行为的实施过程中并非是一成不变的，当个体满足某一需求后就会寻求得到更高的需求满足，这种变化与创业者所处的环境和需求的变化紧密相关，同时也会在一定程度上影响创业行为所产生的绩效和成果。

5.2.2 创新创业动机的维度

不同的个体由于其环境与个体因素的差异，相应的驱动力也有所不同，一些人创新创业完全出自物质需要，一些人创新创业更多是渴求自我价值观的实现或是希望得到社会的认同。创新创业领域的归因研究主要关注的就是女性创业者的创新创业原因，为什么会选择创新创业？其创业背后的动因是什么？基于不同的研究背景和视角，学者们对创业动机进行了不同维度的划分。吉拉德（Gilad，1986）认为创新创业动机包括拉动型和推动型两种，拉动型是指创新创业动机由个体内在的积极因素产生；推动型指由创业者的消极因素推动产生。拉动型创新创业动机是非经济性的，着重于梦想的实现和自身价值的提升；推动型注重经济利益，更多是由于对现状不满以及受外部因素的影响。库拉特科和纳菲齐格（Kuratko & Naffziger，1997）在已有研究的基础上将创新创业动机分为外部激励、内部激励、独立与自我控制以及家庭保障四个方面。其中外部激励是指金钱和股份的形式；内部激励指个体的内部需要，包括内部控制需要和成就需要；独立与自我控制指通过自己做老板的途径来实现个人目标；家庭保障指由于公司裁员而失业的个体需要通过创业为家庭提供保障。

国外关于创新创业动机的研究主要聚焦于动机出现次序的认识层面，一种观点认为人们只有先进行了创业，才能够相应地去识别和寻求机会，并利用诸多的组织行为来创造属于其个人的企业（Baum & Locke，2004），另一种观点认为创业想法促使创业者就环境实施分析和评价，并对自身的特点加以了解，从而确保该机会能够真正得以实行，只有可行性得到验证之后，个体才会决定创办新企业（Bar Nir et al.，2011）。而国内研究提及最多的就是女性独立自主需求的增长和渴望实现自我价值两个方面，童亮、陈劲（2004）认为创业经验对女性创业者的成功十分重要，把女性的创业动机分为需求拉动、成就动机、独立动机和环境机会；费涓洪（2005）则把女性创业动机分为经济因素、结构因素、非金钱因素、机会因素和家庭因素，发现大多数女性创业者并不只是为了生存或金钱而创业，更多的是出于改变现状，追求良好的工作环境和人际关系、实现自我价值的强烈愿望，认为非经济因素比经济因素起更重要的作用；颜春晓（2010）在总结前人研究的基础上，结合朱红根等（2017）的研究[①]，将创业动机分为价值型创业动机、成长型创业动机以及生存型创业动机。根据创业者动机导向的推拉理论和内外动因理论，女性要么是基于现实或自身的某种困境而被"推"向创业，要么是被创业过程或创业结果所吸引而被"拉"进创业行列。推动因素认为创业是由于枯燥和缺乏前景导致，包括收入不足、失业、未充分就业、不满意的工作条件和前景、希望以更灵活的时间实现家庭和工作责任之间的平衡等

---

① 朱红根，梁曦. 农民创业动机及其对农民创业绩效影响分析［J］. 农林经济管理学报，2017，16（05）：643–651.

因素，拉动因素则将创业动机解释为对商业的兴趣、将预期的机会转为市场行为的渴望、自己当老板以及社会使命①。因此在本书中将创新创业动机分为生存驱动型和机会驱动型两个维度。以生存驱动型为主导的创业者通常是由于生存需求未得到满足或者是希望追求更高的经济收入为生活提供保障的个体；以机会驱动型为主导的创业者则更多的是希望通过抓住机会融入社会，获得社会的认可，追求知名度、成就感以及希望提高社会声望的个体。创业动机的形成既存在内在原因，也包括外在原因，不同类型女性的创业动机不同，女性创新创业很可能由寻求经济条件改善等外部动因逐渐转化为寻求自我价值实现的内部动因，并且这种变化会导致女性的创新创业目标发生改变。

5.2.3　创新创业动机的相关研究

在探讨创新创业动机时，早期学者主要探究的就是男女创业者在创业动机方面是否存在差异，最早始于斯科特（SCOTT）在1986年的一项问卷调查的发现。他指出，女性创业动机和男性相比存在显著性差异，女性创业主要是为了实现自我挑战以及拥有更多的自由时间处理家庭琐事和提高家庭的经济水平；而男性则是为了实现自己成为领导和老板的理想（段锦云，2012）。女性创业集中于个人服务和零售行业且往往规模较小。伯德和布拉什（Bird & Brush，2002）提出了性别成熟度（gender-maturity）和性别平衡（gender-balance）的概念，性别成熟度是指两种性别特征有意识地整合、接受、欣赏和扮演，类似于情绪智力和心理学上的雌雄同体，他们认为创业行为和创业组织的特征和绩效是两种性别特征综合平衡的结果。大部分女性的创新创业动机是在自我价值不能达到心理预期的情况下产生的内在驱动力，其行为受到多方面的影响，相对男性创业者而言，女性创业者更看重企业的

① 童亮，陈劲. 女企业家的创业动机研究［J］. 中国地质大学学报（社会科学版），2004（04）：17-2‐；段锦云，王朋，朱月龙. 创业动机研究：概念结构、影响因素和理论模型［J］. 心理科学进展，2012，20（05）：698-704.

资产质量和盈利水平；女性与男性之间的创新创业动机也存在一定的差异，男性创新创业动机逐渐由生存型转向机会型，女性则以生存型为主，她们在创业资本额、可承受的资本回收周期以及风险承受力等方面都与男性存在较大差异，这些差异或许也表明女性创业者的性别特征对于其创业过程存在一定的影响。①

创业动机受个体因素和环境因素的共同影响。有关创业动机的研究聚焦于创业者的个体特征和创业者所处的环境因素对创业动机的影响以及创新创业动机对创业行为的影响。从前因角度而言，潘（Poon）从经济心理学的角度构建了一个用于探索创业者创业动机的影响因素的测量模型，他认为创业者的个体特征是形成创新创业动机的主要因素。但在此之前关于个性和心理特质方面的研究通常假设个体的特质不随时间的改变而改变，而实际上个体处于不同的时间或情境时很可能作出不一致的行为。当然，即便当一个人产生了创业的想法，具备一定的创业个性特质时，还需要来自他人的支持。铃木等（Suzuki等，2002）认为创业者所处环境中的管理资源、市场条件以及政策支持等都会对创业动机产生影响。虽然现在越来越多的东南亚华侨华人女性走出私人领域进入公共领域从事各种经济活动，但由于家庭角色文化和传统的性别分工的长期影响，她们在内心深处仍会"自愿"地将家庭责任视为自己的重心，在无法平衡家庭与工作之间的关系，想要获得更多自由支配时间时或是不满足现有工作条件时，往往会选择放弃现有工作谋求创业（童亮，2004），其创业动机在初始阶段大多属于生存驱动型。但是创业动机往往是不停变化的，其不确定性对创业的具体进程以及创业行为都会产生影响，进而影响创业绩效。从结果角度而言，创业动机与创业行为之间存在紧密联系，不同的创业动机导致了人们在创业过程中表现出不同的意愿和能力，进而影响整个创业过程。同时，创业的结果也往往呈现出不确定性，不

---

① 葛宝山，陈沛光，罗伯特·西斯瑞克. 基于文献分析法的女性创业研究［J］. 情报科学，2012，30（04）：613-615+636.

同个体对不确定性下所需承担风险的看法也不相同，一些人认为创业成功的可能性不大而选择放弃创业，一些具有更强的乐观精神、自我效能感和自我实现目标的人则仍会选择创业。

已有研究证实创业动机不仅会促使创业行为的产生，也会对企业成立之后的决策行为、行为管理等一系列的行为产生一定的影响，并最终影响企业的绩效。铃木等学者（2002）对硅谷和日本的创业者进行调查后，发现日本的创业者将社会导向作为核心，创业更多地是为了获得社会的认可；而硅谷的创业者则以自我成就感为主导，创业更多是在满足自我心理需求的同时完成财富积累。创业过程始于对创业机会的识别，在这一过程中，创业动机会对创业者的行为造成一定程度上的影响。

5.3　创新创业绩效综述

5.3.1　创新创业绩效的概念

近几年，女性创业活动日趋活跃，作为全球经济增长的重要驱动力量之一，她们对经济发展的贡献不容忽视。[①]尽管女性创业活动发展迅速，但是其创业绩效与男性创业者相比存在较为明显的差距，创办企业数量少且绩效不高仍是一个较为普遍的现象。创新创业绩效是衡量企业创业是否成功以及成功的程度标杆，能够较为直观地体现企业创业的价值性。从不同的视角看待创业绩效，其内涵也会有所差异，有学者将创新创业绩效看作一种行为活动，也有学者将其看作一种行为结果。钱德勒（Chandler，2001）认为创新创业绩效与一般的企业绩效有所不同，前者主要用于衡量新创企业，注重企业的生存和成长；后者可以用于衡量一般企业，注重企业的持续和稳定，两者在企业不同的生命周期阶段分别适用。

也有学者认为企业绩效是指企业在一定经营期间的经营效益和经营者业

---

① 王华锋，李生校. 国外女性创业研究的历程、动态与发展趋势 [J]. 技术经济，2006（12）：24-28；128.

绩，创新创业绩效是企业创业行动成果或企业经营情况的表现（Moliterno &
Wiersema，2007）。查特吉（Chatterji，2009）认为创新创业绩效是创业行为
的最终的整体性成果，可以用来衡量企业创业最初目标的达成程度。文卡塔
拉曼（Venkatraman，1996）认为创新创业绩效是衡量企业运营成果的一个综
合性指标，主要包括财务、事业和组织绩效三个方面。马鸿佳（2008）认为
创新创业绩效是创业者通过实施一系列的创业活动来获取促进企业发展的结
果，从而最终实现创业者的创业预期目标。

5.3.2　创新创业绩效的衡量指标

对于企业家和创业者而言，企业经营管理的核心目标就是提高绩效水
平，因此确定合适的创新创业绩效测量指标是重要的研究任务。由于尚未
构建得到广泛认可的理论系统，如何准确地衡量创业绩效还存在一定的难
度。创业绩效的主要测量标准包括主观指标、客观指标；短期指标、长期指
标；成长性指标、获利性指标。科文等（Covin等，1991）认为应该从成长
性和获利性两个维度衡量创新创业绩效；库珀（Cooper，1995）将创新创业
绩效的衡量维度分为目标实现、未来发展、能力表现、吸引员工；克里斯曼
（Chrisman，1998）提出创新创业绩效的衡量应该从生存维度和成功维度进
行衡量，企业作为一个经济实体，生存是必须首先考虑的问题，企业生存
年限也能够反映企业自主、自立持续经营的能力，这是一个绝对性的指标；
在创业企业生存下来的基础上，获得成功才是创业企业的根本目标，因此成
功维度是一个相对性的指标。博斯马（Bosma，2004）从利润率、解决失业
率、失败的可能性三个维度衡量创业绩效。但是更多学者采用财务绩效和非
财务绩效两个指标进行衡量。财务指标主要包括销售增长率、投资回报率、
资产回报率、每股市价，等等，能够直接反映创业成效。根据关键的财务指
标可以辨别创业企业能否实现"适者生存"，但是一方面由于过于注重静态
结果，无法适应环境的动态变化而难以揭示创业过程绩效，具有一定的局限

性，另一方面就是财务指标只是过去一段时间企业的成绩，并不能完全代表企业未来的发展空间，仅仅依靠财务指标会存在短期性的缺陷，所以往往需要结合非财务指标。这些非财务指标主要涉及市场、产品、员工、顾客等方面，例如市场占有率、产品质量和产品生命周期等，除了上述常用指标。也有学者从企业利益相关者满意度的角度来衡量其非财务绩效指标，这里的利益相关者通常是指与企业产生联系的组织或个人，包括政府、顾客、竞争企业、员工以及股东等。财务指标和非财务指标的结合使用能够较为综合地考察创业绩效（Murphy，1996），可以用来衡量一系列创业行为或者是一个新创企业的经营活动，以便考察创业活动的有效性（刘先迪，2018）。

5.3.3　创新创业绩效的相关研究

学者们在研究创新创业绩效时较多沿用组织绩效研究的理论视角。有学者从目标理论、系统资源理论、过程理论和利益相关者理论进行研究（刘文，2012），也有学者从种群生态论、社会认知论、资源基础论和战略适应论进行研究，这是西方较为成熟的理论维度（见下文表5.1）。资源基础论把创业纳入资源观的整体研究框架中，从企业角度着手研究发现创业的核心就是分析创业过程中的内外部可用资源对创业企业生存和发展的重要影响；强调企业关键资源的获取能力以及资源拼凑的能力，从而突破资源束缚。种群生态论从宏观层面分析创业环境对创业绩效的影响，具体而言环境容量、企业密度、市场规范程度、竞争关系等环境因素共同影响组织的规模。战略适应论则主要分析创业者的战略选择对创业绩效的影响，创业者若能将创业环境和创业机会相匹配，就更容易获得创业成功。作为学习理论之一的社会认知理论主要强调创业主体的重要性，创业者可以通过学习掌握知识并提升创业能力，进而提升创业绩效，其核心观点为个人的动机是创业的前提，而动机又被周围的环境与特性所制约。此外有关研究要么聚焦于创业者的外部发展能力、内部组织建构能力及创业者所拥有的资源获取能力，要么聚焦于创业先前经验、创业者自身特质对创业绩效产生的影响。

综合来看，种群生态论、资源基础论以及战略适应论围绕环境因素，认为创业者必须能够敏锐捕捉到环境中所存在的机会、威胁，有效利用环境中的资源，实时调整企业的发展战略以应对不断变化的环境。而社会认知论主要探讨创业者自身因素，认为创业者的领导风格、创业动机、创业行为对创业绩效都有重要的影响作用。由此可见，创业绩效是多因素交互影响的，而不是单纯由某一因素决定，主要包括环境因素、资源支持因素、战略因素、创业者及其团队自身因素和其他相关因素。创业环境是创业的重要资源宝库，它蕴藏着创业所需的资源，资源的获取、整合、利用能够大大促进创业绩效的提升；创业环境变化可以为创业提供机遇，是影响创业绩效的重要因素；高效识别和把握创业机会也能够对创业绩效产生重要影响，甚至决定创业的成败。林嵩等学者（2006）分析了组织内部的战略因素，并发现战略取向、战略选择及战略决策都能够提升创业绩效，影响创业成功。[1]陈忠卫、雷红生（2008）分析了自主性、创新性、内在特质等创业者特征以及领导模式、成员能力、人际关系及互动等团队因素对创业绩效提升的影响作用，其他因素如产业结构特征、创业动机、组织结构特征、风险管理模式等都会影响创业绩效。[2]

目前，创业领域现有的研究对象主要包括中小型企业、农民创业、大学生创业等，以华侨华人为主体的创业研究相对较少。汪金爱（2016）通过研究发现，创业者初始社会地位会对社会资本产生作用，社会资本对创业的重要性不言而喻。基于已有研究，本书将影响创业绩效的因素归纳为主要包括创业者的个性特质、创业动机、创业环境、创业行为这几个方面。其中创业者的个性特质会对新创企业的战略方向及各项决策产生深远影响。创业动

---

① 林嵩，张帏，姜彦福. 创业机会的特征与新创企业的战略选择——基于中国创业企业案例的探索性研究［J］. 科学学研究，2006（02）：268-272.

② 陈忠卫，雷红生. 创业团队内冲突、企业家精神与公司绩效关系［J］. 经济管理，2008（15）：47-52.

机的强弱程度与创业绩效呈正相关关系，个体的创业动机愈加强烈，这种驱动力量就会越强，从而能够为新创企业带来更高绩效的可能性就会越大。创业环境作为企业的资源库，有关研究已经从单一因素分析转向了多元因素分析，可以从国家层面、政府层面、社会层面以及家庭层面等提供的政策、资源、机会和资本这些支持分析对创业绩效产生的不同程度的影响。通常政策的支持力度与创新创业绩效呈正相关关系，与创业企业匹配度高的资源、资本和企业的创新创业绩效会呈正相关关系，在创业初期阶段对资源的掌握和获取会帮助企业实现创业绩效。

东南亚华侨华人女性目前虽然在政策方面得到了一定的支持，但是其创业资金绝大多数依靠于家庭资助或是民间借贷，进入正规金融市场还是存在比较大的障碍，所以其创业绩效在很大程度上相对男性较差（吕亚军，2012）。这说明创业者需要有效利用环境提高绩效，并结合自身的优劣势，根据环境的不断变化持续调整企业的战略以获得可持续的发展（许秀瑞，2017）。

表 5.1　创业绩效研究的理论视角

研究理论视角	绩效决定因素	主要理念
资源基础论	关键性资源及核心竞争力	重点关注创业资源与创业绩效之间的关系，强调企业要注重内外部资源和自身能力的整合，从而提高绩效
种群生态论	群体密度、竞争能力、适应能力	从生物进化的角度强调环境对绩效的影响，认为环境适应能力强的企业生存能力更强
战略适应论	企业战略及环境适应能力	强调战略选择对创业绩效的影响，注重战略选择与环境适应匹配的效果
社会认知论	学习能力、动机、机会识别能力	认为创业者应从环境中识别和利用开发机会，注重创业者以及创业团队的学习能力、心理特征、风险偏好等

5.4   创新创业环境综述

5.4.1   创新创业环境的相关概念

从不同研究视角，对创业环境的概念界定是存在差异的。探讨创新创业环境内涵有利于解释环境对创业意愿、创业行为等的作用机制。目前有关环境的认知，主要包括两个观点：第一个观点是环境决定论，所有的外部客观条件都可以列入环境的范畴。第二个观点是战略选择论，个体需要主动感知所可能面临的外部因素。两种并非是完全对立的关系，在研究中需要辩证对待。就环境本身而言，这是一个非常模糊而又广泛的概念，涵盖的内容十分抽象。将目光聚焦于创业领域中，现有研究中有关创新创业环境的概念，主要包括三个角度：第一种是将创业环境看作一个平台，认为创新创业环境是研究机构、社会、政府等有关部门为创业者创建新企业、新事业而共同建立的公共平台（陈琪和金康维，2008）。第二种是从构成要素角度进行定义的，将创新创业环境看作影响创业行为的多重要素结合体，在开展创业活动中需要考虑各种因素。国外学者高德纳（Gartner）对创业其中包括创新创业环境的定义也是从构成要素的角度出发，他将创业环境分为四个要素：资源的易获性、政府干预、科研支持以及创业态度。第三种是将创业环境看作一个整体系统，涵盖了多个创业要素。根据对创新创业环境定义的分析可知，这三种观点都具有一定的合理性。创新创业环境作为由很多要素组成的整体系统，其中的每个要素对环境整体的动态构成都起到作用，创业者在将自己的创业意愿变为现实、开展创业活动时必须要面对并且运用多种要素。同时创业环境主体与创业资源是息息相关的，资源通常具有隶属性，不同的创业环境主体所能够获得或是提供的创业资源是不同的。因此，需要从创业环境主体出发，明确不同层次的环境主体所发挥的作用。本书采用池仁勇的定义，借鉴因素观的思想，将创业环境主体与创业阶段相联系，聚焦于创业外环境，认为创新创业环境是外部各因素的组合。

5.4.2　创新创业环境的维度

关于女性创新创业问题，创新创业环境极为重要，甚至有学者指出女性创新创业的程度与成果，主要取决于创新创业环境（Hapugoda，2018），创新创业环境的定义是影响个体创业的所有外部因素的总和，其中包括政治、经济、文化等。创业者主观上很难控制创新创业环境，但创新创业环境却对创业者有较深影响。潜在创业者的创业意愿及创业行为主要通过模仿、学习社会中的成功创业者而产生。目前学术界尚未就有关创新创业环境的维度划分达成共识，其中关于创业环境较为经典的模型是GEM模型和五维模型，前者将创业环境细分为政策、教育、文化、金融、基础设施等9个维度，后者将创业环境划分为行政、经济、能力、资金及其他支持5个维度[1]。叶依广（2004）把创业环境分为内环境和外环境两部分，认为创新创业环境应该更好地发挥平台作用。此外，创新创业环境是指影响新创企业成长的一系列综合因素，包括国家整体经济形势、文化、政治因素，这些因素有助于企业在创建进程中获得相关的援助和支持服务。范伟军则从环境、创业者自身、创业活动等角度描述了创新创业环境，认为创新创业环境是特殊的环境，是一般环境的特定层面和组成部分；创新创业环境是创业者所处的境遇和情况，是对创业思想和开展创业活动产生影响和发生作用的各种条件和因素的总和。蔡莉认为创新创业环境是在企业创建的整个过程中，对创业产生影响的一系列外部因素及其组成的有机整体。[2]

社会学习理论认为，个体会通过观察、模仿外界环境习得某种行为。创

---

① 文亮，李海珍. 中小企业创业环境与创业绩效关系的实证研究 [J]. 系统工程，2010, 28（10）：67-74.

② 蔡莉，柳青. 新创企业资源整合过程模型 [J]. 科学学与科学技术管理，2007（02）：95-102.

新创业环境是创业的重要组成部分，也是影响创业的重要因素。创新创业环境（Entrepreneurship Environment）包括自然环境因素和社会环境因素，是政府和社会为创业者创办新企业所搭建的一个公共平台，其需要不同创新创业环境主体提供创业所需外部资源，为创业活动提供各种类型的创业可能性。在各种资源要素聚集联结的动荡体系中，创业会对创业环境产生反作用力，如何推动这种互动机制呈良性动态平衡发展，已成为创业过程需要解决的重要问题。在这一过程中，创业主体的主观能动性、创业活动的内在机理、创业绩效的反馈动力等都产生重要影响。为了更好地认识区域创新创业环境及其价值，从创业过程和创业周期的角度分析创业环境因素的构成特点和互动机制尤为重要。（1）从创新创业环境的构成要素出发，可分为直接因素和间接因素。前者包括产业概貌和动态、市场、竞争者和消费者等，后者包括政治、经济、社会文化、科学技术和地理环境等。（2）从创新创业环境的区域层次进行解读，可分为国家、地区、城市和街区创业环境。（3）依据创新创业环境的性质，可分为硬环境和软环境。硬环境指创新创业环境中的有形要素总和，反映了创业园区及其所在城市各项硬件设施条件；软环境指无形的创新创业环境要素，具体包括法制法规、行政管理、人力资源、金融支持、信息和科教文卫等环境。此外，还有学者认为创新创业环境分为微观和宏观两部分，它是企业产生、存在和发展的基础（祝延霞，2009）。池仁勇（2004）提出创新创业环境包括创业内环境与创业外环境的创业时所处的环境；创业内环境是创业团队的文化、分工、组织结构等；创业外环境是指国家、家庭、政府等的环境因素。奥斯汀（Austin，2006）认为创业环境包括宏观经济环境和社会政治环境、税收以及具体的经济环境、税收政策、雇佣水平、技术进步和社会运动等因素。景木南（2016）指出法律法规、文化制度、观念制度等制度环境对于女性创业存在特殊的影响作用。艾吉达（Ezilda，2017）也进一步将主要影响女性创新创业的环境因素分为：社会文化、国家政策、人际关系与家庭情况。显然，国内外学者就创业环境维度的划分并没有达成共识，但总的来说，创新创业环境是创业各阶段各种因素的综合，在对创业环境的维度划分上参照艾吉达在2017年的研究，再结合其他学者的相关研究，将人际关系进一步拓展为社会文化层面，并最终将创业环境划分为国家、政府、社会文化、家庭4个层面。

从国家层面考量，制度作为解决各创新主体间合作或竞争的规则，并对各主体竞争和合作起约束作用。具体而言，创新创业环境中的制度作用主要包括信息传递功能、节约交易成本、约束与激励效应和有效的协调与信任。科格特和赞德（Kogut & Zander，1996）指出，制度环境的不同会造成即使企业之间情况相似却存在绩效差异显著的情况。汪金爱（2016）指出，与男性创业者相比，女性创业者面临更为恶劣的金融环境。布拉纳（Branas，2013）指出女性创业者在获取银行贷款中面临很大的困难。

从政府层面出发，政府部门针对创业者创业活动而制定的一系列扶植政策，涉及资金来源、税收减免、创业培训和指导等诸多方面，力图为创业者营造良好的创新创业环境。近年来，教育部、财政部、国家税务总局等相关部门出台多个政策文件，其中涉及税收、企业注册、创业贷款、融资、创业指导、创业培训等方面，目的是从各方面、多角度鼓励创业者参与创新创业实践活动。创业政策的意义体现在两个方面：一是激励更多的人进行创业活动，提高初创企业的存活率；二是营造更好的创业环境，以期为新企业创造更好的成长机会等。[①]创业政策的核心是支持创业过程，能否成功主要取决于其目标和手段能否为其目标群体所理解和接受。国内学者张玉利通过研究发现，在创业意愿和创业能力都较低的地区，不仅需要提供资金资助，同时还需要采取政策措施以增强创业意愿、提高创业能力。政府创业政策的重点还是营造创业环境以谋求创业机会与创业能力水平的匹配，通过创业教育等途径提升创业者的创业能力从而建立创业环境体系。若创业者要遵守繁复的规

---

① 赵景峰，王延荣. 高新技术企业创新文化特征与创业绩效关系实证研究［J］. 管理世界，2011（12）：184–185.

章制度和程序要求，花费大量时间和金钱成本去履行程序要求，就会使创业者感到气馁，降低创业信心。国外学者布兰法罗（Blanchflower）对瑞典税收与创业者数量之间的关系进行研究后发现，瑞典在1990—1991年显著降低企业所得税后，个人创业意愿明显提高，创业者数量在总人口中的比例增加了一倍。实际上学术界也不乏针对女性创业者在政府支持下的研究，王华锋、李生校（2008）指出国家对女性创新创业者的政策支持、培训体系以及税收政策优待都会促进女性创新创业。廖芳丽（2009）认为政府支持女性力度不够，唐红娟（2010）发现女性创业的相关政策仍然不能充分满足女性创业者的现实需要，汪金爱（2016）指出政府政策对女性创业者的支持不健全，法规也不够完善。研究表明大部分东南亚政府对女性创新创业者的直接支持并没有达到与男性创新创业者相当的水平。近些年随着女性创新创业数量的增加，女性创新创业者表现出独有的特质，其社会地位才逐步上升（刘先迪，2018）。

在社会层面，学者的讨论主要集中在社会经济层面与社会文化层面。首先，社会经济环境是企业营销活动的外部社会经济条件，包括消费者的收入水平、消费者支出模式和消费结构、消费者储蓄和信贷、经济发展水平、经济体制地区和行业发展状况、城市化程度等多种因素。经调查发现，社会和地区经济环境对创业者创业意愿产生了巨大影响。经济发展良好的地区，创业者创业活动更活跃。我国创业者的创业活动主要活跃于一线城市，例如北京、上海、深圳等；相较于内陆地区，沿海发达地区的创业活动更活跃；南方地区的创业活动往往比北方地区更活跃。虽然经济环境好的地区创业成本相对高，但这些地区的社会资本活跃度更高，能为企业提供充足的金融支持，对创业者而言更容易获取天使投资和风险投资。其次在社会文化层面，以男性为主导的传统文化对女性创业产生了消极影响，女性通常会面临来自家庭和事业的双重压力。廖芳丽（2009）认为"男主外，女主内"的传统观念会限制女性创新创业，男性与女性都是推动社会进步的贡献者，都是物质与精神文明的创造者，所以应该尊重女性、保护女性，从平等的角度对待女性（郝勇，2019），WuZ，Chua J H（2012）研究发现由于性别歧视的存在，女性创业者在融资时会遇到很多难以被察觉的问题。并且女性的社会角色会使女性更易被排除在社会网络之外，处于社会网络中的弱势地位（Bruin，1977）。在处于社会网络弱势地位时，女性更易与同性别的人交流与互动，这就促使女性创业者的社交网络中女性成员居多（kanter，2007）。而朋友所形成的社会网络却是女性创业者重要的社会资源来源（王语，2014），正如谢觉萍等学者（2016）指出的女性创业者可以通过建立社交网络进而获取多种有益的信息及资源。

在家庭环境层面，一直以来工作与家庭的冲突研究仍是热点，能否平衡工作与家庭直接关系到女性创新创业的动机以及创新创业的效果，并且它对于女性创业者在创业初期的作用至关重要。玛丽（Mari，2016）认为女性创新创业家发展的成功需要家庭方面的支持、信任、理解，拥有高创新创业收入的男性伴侣对创新创业女性的成功有很大帮助（caputo，1958）；同样，拥有丰富创新创业经验的父母，在女性创新创业方面会提供有效的帮助，促进其创新创业绩效的提高（sirec，2012）。如果创业者家族中存在创业经验丰富的亲属，那么这样家庭环境中的个体都将有更高的创业意向。亨德森和罗伯森（Henderson & Robertson）认为对于创业者而言，家庭的影响至关重要。家庭的创业经验会对子女价值观、职业观、生活态度和行为方式等有深远的影响，从而影响到子女创业意向。容克·卡尔（Jon C.Carr）等学者通过研究发现，先前的家庭创业经验由代际模式分别通过创业态度、主观的家庭支持及创业自我效能感进而对子女的创业意向产生影响。一项新西兰的研究也有力地证明了父母才是孩子的关键影响者。远超过3/4的受调查者（83%）宣称他们的事业观在很大程度上受父母的影响，并且75%受调查者认为这种影响都是积极的。此外，父母职业类型是影响子女创业态度和创业意向的重要因素；企业家群体其父母往往也是企业家或私营企业主。不同的父母教养方式对子女的创业倾向有着不同的影响，叶贤等学者的创业倾向研究的结果显示，民主型的父母能促使个体形成"独立、自主、自信、高成就动机"等性格特征，从而有利于个体创业倾向的形成；而专制型的父母能促成子女"谨小慎微、胆怯、依赖"的心理特点，从而间接阻碍了积极创业态度和创业倾向的形成。家庭环境对不同文化下的企业家具有不同的影响，对日本的创业企业家具有重大影响，而对美国创业家的影响则很小。父母职业对子女创业意向的影响一方面体现在子女能更好地利用家庭经济条件和人际资源，这为创业提供了更多的机会和便利条件。陈燕妮（2012）通过梳理2000—2010年国外期刊上发表的女性创新创业研究成果发现，女性创新创业者可采用角色消除、角色减少和角色共享策略平衡创新创业与家庭的冲突。总的说来，家庭不仅可以为女性创业提供人力资本和创业资金，还可以为女性创业者提供情感方面的支持。

综上所述，国家、政府、社会、家庭四个层面的创业环境对华侨华人女性创新创业绩效会产生一定程度的影响。创业者的创新创业活动是在具体的创业环境下进行的，因此，探究女性创新创业动机与创新创业绩效间的关系离不开对创新创业环境因素的讨论。本书选取创新创业环境作为调节变量，探究其在创新创业动机与创新创业绩效之间关系中起到的调节效应。

第 6 章　研究模型与研究假设

6.1　概念模型

全球化经济背景使世界各国在政治、经济、文化等方面的联系日益密切。改革开放以后，中国积极采取"走出去"和"引进来"相结合的战略，增强了国际影响力，使中国在全球经济中发挥日益重要的作用。中国国际地位的提升，不仅推动了中华文化的传播，而且为华侨华人带来了新的发展机遇。近年来，国内对于华侨华人的研究大多是基于"一带一路"倡议背景进行的，侧面反映了华侨华人群体在"一带一路"沿线国家和地区间政治、经济和文化交流中的作用。由于华侨华人们的足迹遍布环太平洋区域和世界各个地区，他们的行动能够对全球行业的发展产生较大的影响，所以有关华侨华人，尤其是女性华侨华人群体的创新创业研究就显得尤为关键。

本书在已有的研究基础上认为创新创业动机是创新创业活动产生的根本原因，是创新创业行为的驱动因素，同时也是鼓励创新创业者进行创新创业活动、实践创新创业行为、努力追求创新创业成果并最终实现创新创业绩效的内在动力。通过文献回顾、理论推导和主题讨论，本书认为：企业家们的创新创业动机对于创新创业绩效有积极的影响作用。此外，创新创业环境是指对创新创业者产生影响的内部和外部因素，它对于个体创新创业的影响体现在方方面面，本书主要从国家、政府、社会和家庭四个环境方面分析研究其对创新创业的影响，进而探究东南亚女性华侨华人创新创业影响的内在逻辑。

本书以社会认知理论、社会支持理论、职业选择理论以及需求层次理论为理论基础，通过实证研究分析东南亚女性华侨华人不同创新创业动机对创新创业绩效的影响，以及创新创业环境在这一过程中的调节作用。本书基于已有研究，将创新创业动机分为生存驱动型动机和机会驱动型动机；将创新创业环境划分为国家、政府、社会和家庭四个维度；从财务指标和非财务指标两个方面衡量创新创业绩效。其中，创新创业绩效的财务指标尤其受到关注，包括资产规模、营业收入、总资产收益率、净资产收益率等，创新创业绩效的非财务指标通常能够反映创业企业成长或创业过程。这些指标包含了企业经营活动的诸多方面，包括组织（如组织承诺、员工满意度、人才市场受欢迎程度、创业团队成员离职率等）、顾客（如顾客忠诚度、客户口碑等）、产品（如产品研发能力、产品更新能力、服务质量等）、市场（如市场占有率、产品/企业知名度、市场份额增长率、市场进入难易程度等）等。

国内学者早期的研究主要集中在促使女性创新创业的影响因素、女性创新创业者在个体和社会两个方面的创新创业资源、创新创业企业的经营现状以及女性创新创业活动的发展趋势等宏观层面。其中，影响因素涉及女性创新创业者的个人特质和驱动因素，前者主要包括创新创业者的年龄、婚姻状况、受教育程度，后者主要从内在因素和外在因素进行研究。本书以在东南亚创新创业的华侨华人女性为研究对象，探究女性创新创业动机与创新创业绩效之间的关系，以及环境因素对她们创新创业过程的影响。

本书主要包含两方面研究内容：（1）东南亚女性华侨华人创新创业动机类型对创新创业绩效的影响。（2）创新创业环境支持在东南亚女性华侨华人创新创业动机与创新创业绩效关系中的调节作用。本书的研究模型如图6.1：

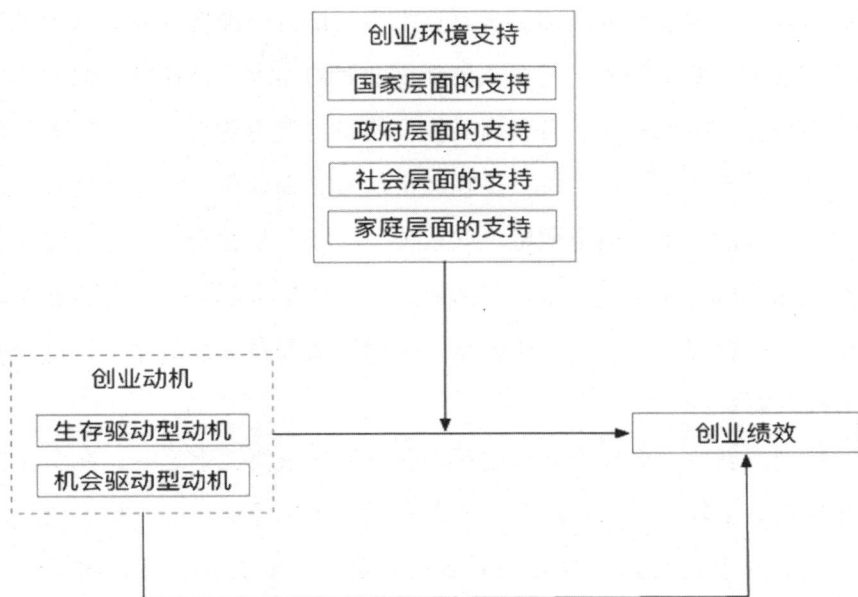

图 6.1 研究的理论模型

6.2 研究假设

6.2.1 东南亚女性华侨华人创新创业动机

创新创业动机一定程度上反映了创新创业者的目标或愿景，这个目标或愿景产生于创新创业行为实施以前，并且始终存在于创新创业活动之中，尽管创新创业动机在受到不同因素影响后会发生变动，诸如时间推迟或者行业改变，但始终不会消失。企业家们的创新创业动机被看作是企业家通过经营企业的所有权来寻求的目标，企业家的目标决定了企业家的行为模式，并且间接影响企业开创和发展，即创新创业动机对于创新创业者有着很大的影响。

本书在分析东南亚女性创新创业动机的时候运用了马斯洛的需要层次理论。本书将与创新创业相关的需要分为两个维度：经济需要和社会需要。其中，经济需要代表了生存型创新创业者的需求，包括吃穿住行、提高个人／

家庭收入和生活保障等方面的需求，这类需求都需要经济方面的支持才能得到满足；社会需要则代表了机会型创新创业者的需求，包括获得他人认可、提升社会地位、得到尊重、自我满足及证明自身能力的需求等，这类需求与创业者自身心理预期息息相关，是在经济层面已经取得一定保障之后，通过自我感知实现的需求。结合顾桥、梁东等（2005）从社会性和经济性两个维度分析创业动机的研究，本书将东南亚女性华侨华人创新创业者的创业动机归为两类：生存驱动型与机会驱动型，生存驱动型对应经济需要，机会驱动型对应社会需要。

女性创新创业动机作为女性创新创业行为的重要因素之一，在女性创新创业领域得到了较多关注，现有研究大多是基于创业动机的"推—拉"双因素进行的，学者们普遍认为女性要么是基于现实或自身的某种困境而被动"推"向创新创业，要么是被创业过程或创业结果所吸引而被"拉"进创新创业领域。例如侯公林、厉校麟（2012）在女性创业动机变迁与自我发展中指出：创新创业中"推"的因素一般包括遭遇公司裁员、工作中的挫折感和对工作的厌烦、对大环境的不满等；"拉"的因素包括成就感、独立自主、理想的工作、商业机会、改善经济状况、掌控命运和实现自我价值等。沈超红、罗亮（2002）在创业成功关键因素与创业绩效指标研究中指出：创新创业动机会随着时代的变化而变化，正常情况下会呈现由推式向拉式变化的趋势。在推动因素理论中，研究者们认为创新创业本身并非是创新创业者的主动的选择，而是在特殊的背景条件下不得不作出的选择。

创新创业本身对于个体而言并不是新奇有趣或者十分向往的，只是需要依靠创新创业来满足自己的生存需求，创新创业是个体可以获得基本生存保障的最佳方式。具体来说，女性创新创业者由于面临失业或者未充分就业、现有工作没有更好的发展前景、对现有工作条件和环境感到不满、家庭发生意外从而成为家庭的经济支柱等种种原因，由于生活的压迫和对现有工作环境的无法改变，被迫选择创新创业的道路。在推动因素理论中，女性创新创业者的行为是被动的，是由生存压力所驱动的，其对应的创新创业动机被称为生存驱动型创新创业动机，简称生存动机。在发展中国家，女性创新创业者的数量逐年增长，出于生存需求而产生创新创业动机的个体占有很大比例。近年来，由于世界许多国家和地区女性社会地位和家庭地位的提高，个体经济实力的增长，生存驱动型的创新创业所占比例虽有所降低，但整体仍占据较大比例。

在拉动因素理论中，研究者认为创新创业者本身对商业活动是感兴趣的。个体出于对事业的追求，自发选择创新创业，积极而主动地投身到创新创业活动中，将创新创业作为其实现本身理想和价值的途径，因而尽管她们选择创新创业的原因之中依然包含了对现有工作条件的不满，例如收入较低、性别歧视、难以晋升的"玻璃天花板"等，但她们并非出于生存需求，即并非是因为对工作环境和收入的不满足而选择创新创业，更多是渴望获得成功、渴望达到更高的地位和层次，或是源于强烈的社会使命感。由于这种创新创业带有强烈的成就因素，通常是发现了良好的创新创业机会，通过把握机会而产生的创新创业行为，因此称为机会驱动型创新创业动机，简称机会动机。

在全球创业观察（2016）的报告中，全世界有37个国家或地区的创业者们的创业行为动机主要来源于机会动机，少数为生存动机，这些国家大多为发达国家或经济较发达地区。在一些社会福利制度完善、福利水平较高的国家，例如法国、瑞典等，几乎没有出于生存动机而选择创业的创业者，而一些发展中国家的创新创业活动则是以生存型为主。相较而言，发展中国家和地区的生存驱动型创新创业远远大于全球创业观察所调查国家的整体平均水平，约60%是为了生存而选择创业的。东南亚华人华侨创业女性的创新创业活动受推动因素影响更大，即因面临失业、未充分就业、工作前景不好、对现有工作条件不满、低收入、意外成为家庭的经济支柱等种种原因而被动选择创新创业。王鉴忠等学者（2017）在全球创业观察（GEM）项目研究回顾与展望中指出生存驱动型的创业活动依然在发展中国家的女性创新创业中占据较大比例。谢雅萍等学者（2013）指出，在女性创业绩效影响因素中，女性创业者往往没有良好的社会资本和人力资本，她们主要选择能够养家糊口或在短时间内能获得经济报酬的创新创业领域，同时由于生存压力迫在眉睫，强大的内在驱动力鼓励创新创业行为，从而表现出勤劳肯干、吃苦耐劳等优秀品质。

根据以上对生存型和驱动型动机的研究描述，对创新创业行为构建出如下两个模型，如图6.2生存驱动型创业模型和图6.3机会驱动型创业模型所示：

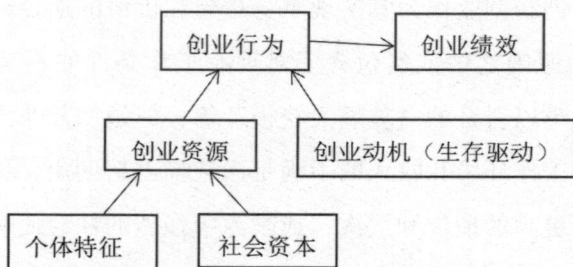

图 6.2　生存驱动型创业模型

机会驱动型创新创业指个体基于自身兴趣，为了追求更多的经济利益、更高的社会地位、更强的自我满足感而选择创业。这类创新创业主体年龄通常集中在30—45岁的范围，拥有一定的经济基础，具备更为专业的工作技能和广泛的社会资源。

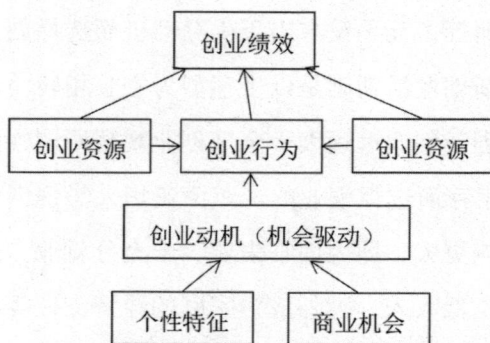

图 6.3　机会驱动型创业模型

创新创业者的社会需求较高、经济需求较低，通常意味着个体的生存需求已经得到了满足，创新创业动机偏向于成就型；当创新创业者的社会需求较低、经济需求较高，通常意味着个体的生存需求尚未得到满足，仍然将创业看作是获得生存保障的途径，在此基础上很少考虑成就方面的需求；创新创业者的社会需求和经济需求都较高，这反映了创新创业者认为经济方面的报酬和自我价值的实现等需求同样重要，尽管她们的基本生存需求可能已经得到了满足，但仍然十分执着于创业带来的收入增长，此类创业者的创业动机通常被看作是混合型。因此，大多数创新创业者的动机既可能包含经济需求，也可能包含社会需求，即生存型动机和机会型动机并存。

个体的创新创业动机并非一成不变，较为复杂的创新创业研究模型会根据企业的发展阶段来考察创新创业者的动机。胡怀敏、朱雪忠（2007）在研究中指出，大部分创新创业者在初期阶段往往是出于追求经济效益，将生存摆在最首位的需求，只有少部分实现了经济自由的创新创业者，才会在初期以机会型动机为导向实施创新创业活动。侯公林、厉校麟（2012）在《女性创业动机变迁与自我发展》中提到"当企业逐渐实现了较好的经济效益时，大部分创新创业者摆脱了生存压力，开始追求更高层次的需要，这时他们的创新创业动机就由生存型动机逐步转换为机会型动机"。因此，本书选取表6.1所列举指标对创新创业动机进行考察和分析：

表 6.1　创新创业动机测量指标

生存动机	机会动机
（1）获得个人财富 （2）改善生活 （3）家庭成员未来的保障 （4）没有更好的机会 （5）避免就业压力	（1）人身自由 （2）个人保障 （3）自我雇佣 （4）控制自己的职业命运 （5）得到他人认可 （6）迎接挑战 （7）证明自己的能力

6.2.2 女性华侨华人创新创业绩效

在对女性创新创业的研究中，特别需要量化创新创业成果或者业绩。已有研究表明创新创业绩效是一个综合概念，需要从多个角度进行研究，基于不同的维度进行测量，围绕不同研究目的所选取的测量指标会存在较大差异。正如胡怀敏、朱雪忠（2012）在"创业动机、社会资本与女性创业"中的研究指出，创新创业绩效与一般企业绩效存在一定区别，在研究时要区别对待。在考察一般企业绩效时，通常从财务指标和非财务指标两个方面进行度量。其中，财务指标一直受到研究者的关注，主要包括资产规模、营业收入、总资产收益率、净资产收益率等，这些指标和数据相对容易获得，且可以直观地反映企业经营绩效，但缺点在于财务指标通常是某一时点的截面数据，只能反映经营活动的静态结果，对于成熟企业尤其是经营稳定的企业较为适用；但是对于处于初创期、成长期或者转型期的企业而言，仅衡量财务指标往往并不能全面地反映企业的整体绩效，也难以揭示企业经营活动中的动态变化过程。所以学者们综合财务指标和非财务指标来测量企业绩效，从而既考虑了经营绩效的静态结果，也适度衡量通过财务指标难以度量的隐性绩效。

对于女性创新创业者而言，女性在企业新创阶段和成熟经营阶段的经营目标会存在部分差异，这种差异不仅与企业所处的生命周期有关，也与女性创新创业者的经营时间周期和经验有关；吴翌琳、赵舒羽（2017）在"创业绩效及其影响因素研究"中指出，新创企业大多处于研发投入时期，财务指标上的测量不能全面反映企业的运营状况，只能反映出部分经营绩效。同时，大多数创新创业者或团队不愿意透露与企业经营状况相关的信息，详细的财务数据往往被视为重要的商业机密。在此基础上，王力强、王利等（2012）在"主观评分法在项目风险管理中的应用"中提出了非财务的测量方法，他们发现主观评价法获得的创业绩效结果与客观测量法获得的创业绩效结果存在显著的相关关系。因此，主观评价法同样可以有效地测量新创企业绩效。例如，罗布特卡普兰（2013）在研究中采用平衡记分卡模式对创新创业绩效进行测量，从企业整体战略的角度来考察企业经营活动的有效性。

本书结合当代东南亚女性创新创业者的具体情况，从盈利性和成长性两个方面综合衡量创新创业绩效。

表 6.2　创业绩效测量指标

盈利性	成长性
（1）同行业内，本公司的主营业务有着较好的市场份额 （2）本公司的利润保持较高水平 （3）本公司的净资产收益率在同行业中保持领先	（1）和竞争对手相比，本公司的人员数量增长 （2）和竞争对手相比，本公司的产品销售额增长很快 （3）和竞争对手相比，本公司的创新产品和服务往往发展较快 （4）和竞争对手相比，本公司的市场份额保持较快增长 （5）本公司规模预计将会持续扩大

影响创新创业绩效的因素主要包括个体的人格特质、创新创业动机、创新创业行为及所处的创新创业环境等。许秀瑞（2017）的研究认为创新创业动机与创新创业绩效呈正相关关系，个体的创新创业动机越强烈，这种驱动力量就会越强，从而为企业带来更高绩效的可能性就会越大。

综上所述，生存驱动型为主导的创新创业者通常是由于生存需求未得到满足或者是希望追求更高的经济收入为生活提供保障的个体；以机会驱动型为主导的创新创业者则更多的是希望通过抓住机会融入社会，获得社会的认可，追求知名度、成就感以及希望提高社会地位。因此我们作出如下假设：

H1：东南亚女性华侨华人创新创业动机对创新创业绩效具有显著的正向影响。

H1a：生存驱动型动机对创业绩效具有显著的正向影响。

H1b：机会驱动型动机对创业绩效具有显著的正向影响。

6.2.3　创业环境的调节作用

国内外学者从不同的角度和不同的领域研究了创新创业环境和创新创业绩效之间的关系。勒纳、埃英（Lerner，Almor，2002）认为影响女性创新创业企业绩效的因素包括企业资源和企业所有者技能，但并不是所有资源都能影响创新创业企业绩效，资源中仅有组织资源是影响创新创业企业绩效的因素。社会环境对女性创新创业的影响体现在社会政治越开明，女性创新创业的阻力越小；社会文化越进步，女性创新创业的认同率越高；社会经济越发达，女性创新创业的渠道越多，反之则不然。

关于女性创新创业问题，创新创业环境极为重要。有学者认为女性创新创业的程度与成果与创新创业环境密不可分，影响女性创新创业的环境因素主要包括社会文化、国家政策、人际关系与家庭情况。世界经济的快速发展为女性创新创业提供了物质基础，拓宽了创新创业渠道，"新经济"催生了许多新行业，新行业吸引了大批女性创新创业者，为女性创新创业创造了前所未有的有利条件。在此过程中女性群体的社会价值得到了充分的展现，女性的才能得到了充分的发挥，女性华侨华人作为创新创业大军中不可或缺的一支队伍，在推动世界经济全面进步中的作用得到了全社会的充分认同，女性创新创业群体的队伍也因此不断壮大。

蔡莉等学者（2005）的研究发现资金短缺是女性创新创业者面临的最大问题之一；王华铎、李生校（2008）指出政府对女性创新创业者的政策支持、培训以及税收政策的优惠都有利于女性的创新创业；廖芳丽（2009）认为宏观环境和微观环境都能影响女性创新创业者的行为，宏观环境的影响主要体现在融资渠道、政府支持力度以及"男主外，女主内"的传统观念等方面，微观环境的影响主要体现在社会网络系统方面；祝延霞等学者（2009）在研究安徽省创新创业环境和女性创新创业的关系时，认为文化与社会规范、有形基础设施和商务环境是影响安徽省女性创新创业的主要因素；唐红娟（2010）发现女性创新创业的相关政策仍然不能充分满足女性创新创业者的现实需要；贾志科等学者（2012）指出影响女性创新创业成功的因素包括社会环境因素、文化传统（男尊女卑、重男轻女等）、政策制度等；居凌云、梅强（2014）研究发现创新创业项目的选择是女性在创新创业中面临的最大困难；李翠文等学者（2016）认为以男性为主导的传统文化对女性创新创业产生了消极影响，女性来自家庭和事业的双重压力；汪金爱（2016）指出与男性创新创业者相比，女性创新创业者面临更恶劣的金融环境，政府政策对女性创新创业者的支持不健全，法规也不够完善；谢觉萍等学者（2016）提到社交网络是女性获取信息和有形资源特别重要的渠道；吴翌琳、赵舒羽（2017）在研究女性创新创业绩效的影响因素时，发现创新创业者的受教育程度和地区公共服务水平对创新创业绩效有显著影响；刘忠艳（2017）研究发现中介服务会对女性创新创业绩效产生影响。

基于此，我们作出如下假设：

H2：创新创业环境支持在东南亚华人华侨女性创新创业动机与创新创业绩效的关系中起正向调节作用，即创新创业环境支持的力度越大，创新创业动机对创新创业绩效的正向影响作用越显著。

H3a：国家层面的支持正向调节生存驱动动机对创新创业绩效的影响。

H3b：国家层面的支持正向调节机会驱动动机对创新创业绩效的影响。

H4a：政府层面的支持正向调节生存驱动动机对创新创业绩效的影响。

H4b：政府层面的支持正向调节机会驱动动机对创新创业绩效的影响。

H5a：社会层面的支持正向调节生存驱动动机对创新创业绩效的影响。

H5b：社会层面的支持正向调节机会驱动动机对创新创业绩效的影响。

H6a：家庭层面的支持正向调节生存驱动动机对创新创业绩效的影响。

H6b：家庭层面的支持正向调节机会驱动动机对创新创业绩效的影响。

第 7 章　研究设计

7.1　研究对象

本书选择的研究对象为东南亚华人华侨创新创业女性，即已经取得东南亚国家和地区身份并进行创新创业或是有过创新创业经历的华侨华人女性。在收集数据时，通过一定标准的筛选，将问卷有效发放给调查对象，确保数据的真实性和可靠性。

7.2　问卷设计

本书使用的数据收集方法是问卷调查法，作为社会科学类研究的方法，问卷调查法在同类研究中具有普遍适用性。本书问卷设计的开头主要是向被调查的女性创新创业者表明本研究的目的和意义，并告知被调查者本问卷采取不记名方式，不会涉及被调查者的个人隐私等敏感问题，本问卷获取的结果仅适用于本书研究，不会泄露给第三方，以此鼓励被调查者尽量填写真实信息。

问卷设计的主要过程如下：①相关理论及研究文献综述。本书是在国内外关于创新创业者个体特质、创新创业动机测量、风险决策测量以及创新创业绩效测量的实证研究的基础上，借鉴了已经过反复检验论证、确认行之有效的测度量表，结合研究需要进行了适当的修改，最后形成了本书的调查问卷。②进行问卷调查测试。在此阶段，选择性地调查了部分华侨华人女性创新创业者，根据她们的意见和反馈对调查问卷进行修改。③将测试中取得的调查结果进行初步统计分析，查看是否存在题项描述不准确、题项设计不合理、选项存在较大遗漏等情况。④对问卷的语言描述、题项顺序等作进一步的修改，让调查问卷的内容更为准确和全面，能够有效获取研究内容，同时便于设计正式的调查问卷。

本书最终的问卷主要采用李克特量表（Likert scale）进行测量，每个题项都是明确表达意向的陈述句，代表着一种行为决策或者态度倾向，被调查的女性创新创业者需要根据自身的实际情况选择对该项陈述的认可程度，选项分为"非常不符合""不大符合""一般符合""比较符合""非常符合"五个级别，分别记为1、2、3、4、5分。具体问卷设计如下：

（1）创新创业动机

关于创新创业动机的调查，主要从生存驱动和机会驱动两个维度对创新创业动机进行测量。库拉特克（Kuratko）等学者最早明确提出创新创业动机测量量表，他们开发了包含四因素结构的量表用以测量个体的创新创业动机，其中四因素即外在的报酬、独立自主、内在的报酬和家庭保障。但是该量表仅为一个理论上可行的模型，并未进行实地访谈和实证研究用以验证量表的适用性。罗比肖和罗杰（Robichaud & Roger）在库拉特克等学者的研究基础上进行了实证研究和分析，在肯定其有效性的同时指出了其存在的不足之处，并在此基础上进行修正，产生了新的创新创业动机测量量表。

（2）创新创业环境

本书把女性创新创业环境划分为四个维度，分别是国家层面的支持、政府层面的支持、社会层面的支持和家庭层面的支持。由于已有研究对女性创新创业环境支持的因子结构和因子内涵存在分歧，所以当前并没有形成一致的研究量表。已有的女性创新创业环境支持测评量表对本书测评量表的构建具有重要的参考价值。本书在设计女性创新创业环境测评量表时，主要参考了五维度模型和全球创业观察（GEM）中国报告对女性创新创业环境维度的划分。

（3）创新创业绩效

关于创新创业绩效的调查，由于新创企业在企业特质上具有一定的特殊性，财务指标较难考察，本书结合安东尼克（Antonic，2001）的观点，主要从盈利性和成长性两个方面进行考察。在进行该部分的问卷设计时，本书主要采用克谢莱特·斯图尔特（Kshelete Stewart）和贺小刚研究设计的问卷量表，结合本书需要进行了一定程度的修改和调整。

第 8 章   数据分析与假设检验

8.1   样本统计

根据本调研数据，被调查者基本情况见表8.1。结果显示样本年龄多集中在中间区域，即26—40岁占总人数的66.2%，学历多集中在本科及以上，占比62.2%，55.4%的东南亚华人华侨创新创业女性创业的内容都与自身专业关联性较弱，比较相关和非常相关的仅占比24.4%，75.7%的华侨华人创新创业女性的企业规模在1—50人之间，属于小型企业；80%处于初创期或者成长期。

表 8.1   样本统计

分类	概况	百分比（%）	分类	概况	百分比（%）
创新创业年龄（岁）	18以下	2.7	学历背景	大专以下	37.8
	18~25	21.6		本科	39.2
	26~30	32.4		硕士	20.3
	31~40	33.8		博士	2.7
	41~50	8.1	专业相关程度	非常不相关	35.0
	51~60	1.4		比较不相关	20.3
创新创业地点	新加坡	10.8		一般相关	20.3
	马来西亚	39.2		比较相关	12.2
	菲律宾	50		非常相关	12.2
创新创业阶段	初创期	37.8	规模	1~10人	54.0
	成长期	43.2		11~50人	21.6
	成熟期	17.6		51~200人	18.9
	上市期	1.4		201~500人	4.1
				500人以上	1.4
合计		100	合计		100

8.2　信度与效度检验

信度检验主要是为了检验结果的一致性、稳定性和可靠性，本书一律采取最常用的Cronbach'α系数作为测量信度的标准，结果如表8.2所示。结果表明，问卷的Cronbach'α值为0.845，大于0.7，表明问卷的信度良好；对变量进行KMO和巴特利特（Bartlett）球形检测，KMO值为0.767，大于0.7，且巴特利特球形检测值显著，说明具有较好的构建效度（见表8.3）。从问卷的内容效度来看，本书测量题项均来自权威文献的成熟量表，并在正式开展调查前经过预调研和多轮修改，因此具有良好的内容效度。此外，主要变量的相关系数值均小于对应行与列的AVE值的平方根，说明各变量之间具有良好的区分效度。

表 8.2　可靠性统计

克隆巴赫 Alpha	基于标准化项的克隆巴赫 Alpha	项数
0.845	0.845	7

表 8.3　KMO 和巴特利特球形检测

KMO 取样适切性量数		0.767
巴特利特球形度检验	近似卡方	224.924
	自由度	21
	显著性	0.000

8.3　相关性分析

表8.4给出了变量的描述性统计指标，包括均值、标准差和各变量之间的相关系数。研究结果表明，各主要变量之间存在主要的相关关系，适合作进一步的回归分析。

表 8.4　变量的描述性统计与相关矩阵

	Means	S.D.	1	2	3	4	5	6	7
国家	3.51	0.81	1						
政府	3.36	0.74	0.437**	1					
社会	3.50	0.63	0.434**	0.726**	1				
家庭	3.69	0.85	0.402**	0.485**	0.655**	1			
生存驱动型动机	3.42	0.79	0.171	0.199	0.323**	0.400**	1		
机会驱动型动机	3.32	0.82	0.546**	0.236*	0.333**	0.405**	0.421**	1	
创新创业绩效	3.4685	0.67047	0.421**	0.503**	0.501**	0.520**	0.540**	0.464**	1

***表示 $p < 0.01$，**表示 $p < 0.05$，*表示 $p < 0.1$。

8.4　研究假设检验

8.4.1　主效应

由表8.5中可见，模型1和模型2在控制了创新创业年龄、创新创业背景、创新创业经历、创新创业领域、教育背景专业相关度和规模后，发现创新创业动机对创新创业绩效具有显著的正向影响（生存驱动型动机：b=0.283，p<0.1；机会驱动型动机：b=0.386，P<0.05），假设1假设2得到验证。

8.4.2　调节效应

由表8.6的模型3可知，华侨华人创新创业动机与国家环境的交互项对创新创业绩效具有显著的负向影响（生存驱动型动机：b=-0.027，p<0.1；机会驱动型动机：b=-0.054，p<0.05）。假设H3a、H3b未得到验证，由表8.7的模型

3可知，生存驱动动机与政府环境的交互项对创新创业绩效有显著的正向影响（生存驱动型动机：b=0.072，p<0.1），H4a假设得到验证，机会驱动型动机与政府环境的交互项对创新创业绩效没有显著的影响，H4b假设不成立。由表8.8的模型3可知，创新创业动机与社会环境的交互项对创新创业绩效有显著的正向影响（生存驱动型动机：b=0.172，p<0.1；机会驱动型动机：b=0.236，p<0.1）。假设H5a、H5b得到验证，由表8.9的模型3可知，生存驱动型动机与家庭环境的交互项对创新创业绩效没有显著的影响作用，假设H6a不成立，机会驱动型动机与家庭环境的交互项对创新创业绩效有显著的正向影响作用（b=0.267，p<0.1），假设H6b得到验证。

表 8.5　主效应检验

因变量		创新创业绩效	
分布模型		模型 1	模型 2
控制变量	年龄	−0.040	0.031
	创新创业年龄	0.034	0.060
	教育背景	0.255	0.091
	创新创业经历	0.012	−0.005
	创新创业领域	−0.020	−0.030
	专业相关程度	−0.010	0.027
	规模	0.290*	0.173
	创新创业阶段	0.231	0.156
自变量	生存驱动型动机		0.283*
	机会驱动型动机		0.386**
	F	1.21	4.28***
	R^2	0.130	0.604
	调整R^2	0.023	0.510

***表示$p < 0.01$，**表示$p < 0.05$，*表示$p < 0.1$。

表 8.6　国家环境调节效应检验

因变量		创新创业绩效		
分布模型		模型 1	模型 2	模型 3
控制变量	年龄	−0.040	0.019	0.025
	创新创业年龄	0.034	0.059	0.045
	教育背景	0.255	0.061	0.051
	创新创业经历	0.012	−0.007	−0.007
	创新创业领域	−0.020	−0.031	−0.029
	专业相关程度	−0.010	0.031	0.023
	规模	0.290*	0.188	0.187
	创新创业阶段	0.231	0.127	0.111
自变量	生存驱动型动机		0.095*	0.081*
	机会驱动型动机		0.411***	0.429**
调节变量	国家		0.298**	0.310**
交互作用	国家生存交互			−0.027*
	国家机会交互			−0.054*
	F	1.21	4.75***	13.92***
	R^2	0.130	0.657	0.659
	调整R^2	0.023	0.542	0.561

***表示$p < 0.01$，**表示$p < 0.05$，*表示$p < 0.1$。

表 8.7　政府环境调节效应检验

因变量		创新创业绩效		
分布模型		模型 1	模型 2	模型 3
控制变量	年龄	0.009	0.009	−0.015
	创新创业年龄	−0.020	−0.020	−0.013
	教育背景	−0.001	−0.001	−0.014
	创新创业经历	−0.099	−0.099	−0.083
	创新创业领域	−0.002	−0.002	0.001
	专业相关程度	0.033	0.033	0.033
	规模	0.154	0.154	0.153
	创新创业阶段	0.122	0.122	0.114
自变量	生存驱动型动机		0.213*	0.215*
	机会驱动型动机		0.341**	0.358**
调节变量	政府		0.391***	0.381***
交互作用	政府生存交互			0.072*
	政府机会交互			−0.038
	F	1.21	6.135***	15.098***
	R^2	0.130	0.557	0.625
	调整R^2	0.023	0.442	0.563

***表示$p < 0.01$，**表示$p < 0.05$，*表示$p < 0.1$。

表 8.8　社会环境调节效应检验

因变量		创新创业绩效		
分布模型		模型 1	模型 2	模型 3
控制变量	年龄	0.009	−0.662	0.020
	创新创业年龄	−0.020	0.042	0.124
	教育背景	−0.001	0.023	−0.007
	创新创业经历	−0.099	0.056	−0.039
	创新创业领域	−0.002	−0.099	−0.003
	专业相关程度	0.033	−0.002	0.030
	规模	0.154	0.014	0.081
	创新创业阶段	0.122	0.133	0.131
自变量	生存驱动型动机		0.148*	0.061*
	机会驱动型动机		0.199**	0.374**
调节变量	社会		0.335**	0.229*
交互作用	社会生存交互			0.172*
	社会机会交互			0.236*
	F	1.21	4.967***	14.944***
	R^2	0.130	0.508	0.577
	调整 R^2	0.023	0.474	0.553

***表示 $p < 0.01$，**表示 $p < 0.05$，*表示 $p < 0.1$。

表 8.9　家庭环境调节效应检验

因变量		创新创业绩效		
分布模型		模型 1	模型 2	模型 3
控制变量	年龄	0.009	0.007	0.061
	创新创业年龄	−0.020	0.052	0.121
	教育背景	−0.001	0.115	0.132
	创新创业经历	−0.099	0.020	0.013
	创新创业领域	−0.002	−0.019	−0.039
	专业相关程度	0.033	0.005	0.040
	规模	0.154	0.166	0.165
	创新创业阶段	0.122	0.124	0.103
自变量	生存驱动型动机		0.189*	0.199*
	机会驱动型动机		0.299*	0.277*
调节变量	家庭		0.273*	0.330*
交互作用	家庭生存交互			0.052
	家庭机会交互			0.267*
	F	1.21	4.696***	15.092***
	R^2	0.130	0.518	0.597
	调整R^2	0.023	0.474	0.543

***表示$p < 0.01$，**表示$p < 0.05$，*表示$p < 0.1$。

8.5　假设验证结果

H1	女性华侨华人创新创业动机对创新创业绩效具有显著的正向影响	是
H1a	生存驱动型动机对创新创业绩效具有显著的正向影响	是
H1b	机会驱动型动机对创新创业绩效具有显著的正向影响	是
H2	创新创业环境支持在女性华侨创新创业动机影响创新创业绩效的过程中起到调节作用，创新创业环境支持的力度越大，创新创业动机对创新创业绩效的正向影响作用越显著	部分成立
H3a	国家层面的支持正向调节生存动机对创新创业绩效的影响	否
H3b	国家层面的支持正向调节机会动机对创新创业绩效的影响	否
H4a	政府层面的支持正向调节生存动机对创新创业绩效的影响	是
H4b	政府层面的支持正向调节机会动机对创新创业绩效的影响	否
H5a	社会层面的支持正向调节生存动机对创新创业绩效的影响	是
H5b	社会层面的支持正向调节机会动机对创新创业绩效的影响	是
H6a	家庭层面的支持正向调节生存动机对创新创业绩效的影响	否
H6b	家庭层面的支持正向调节机会动机对创新创业绩效的影响	是

第 9 章 研究结论及对策建议

9.1 分析与讨论

20世纪70年代以来,随着全球化的发展,全球的跨国人口迁移的速度和规模均有所上升,跨国人口迁移出现了许多新的特点,其影响也在不断扩大。作为国际移民的重要区域,东南亚的人口迁移以及女性跨国流动所产生的系列问题也越来越受到关注。在2014年9月的夏季达沃斯论坛上,中国国务院总理李克强提出,要在中国960万平方公里土地上掀起"大众创业""草根创业"的新浪潮,形成"万众创新""人人创新"的新态势。此后,在2014年11月19日至21日举行的首届世界互联网大会及2015年《政府工作报告》中频频阐释创新创业这一关键词,这对世界华侨华人的思想及行动产生了深刻影响。

女性创新创业的研究可追溯到20世纪70年代中期,1976年施瓦茨(Schwartz)首次以女性创业为研究主题,通过对女性创新创业者进行访谈,发现创新创业行为并不是所谓的性别中立活动,而是具有明显性别差异。此后,杨静、王重鸣(2015)在"基于多水平视角的女性创业型领导对员工个体主动性的影响过程机制:LMX的中介作用"的研究中得出,随着女性创业活动的数量增加、范围扩大、影响加深,女性在创新创业中所展现出的母性关怀、愿景构建和平易近人等特点对员工个体行为的激励也得到了验证和认可。女性创新创业已经延伸出个人特质（内部特征）、社会网络（外部条件）、创业动机（创业的开始）、创业绩效（创业的结果）以及创业与家庭关系等主要研究分支，并取得了一定成果。2020年伯德和布拉什提出了性别成熟度和性别平衡概念并指出，创新创业女性表现出的是与传统的性别规范不一致的个性特征；费涓洪（2004）在对上海私营企业30位女性业主的个案调查后指出，女性创业者社会网络同质化程度很高、彼此间的强连带关系更普遍；莫寰（2013）在"女性创业胜任力的阶段特征及其与成长绩效"的研究中指出，女性社会关系网络是以亲朋好友或者由亲朋好友辐射为主，在社会关系网络圈中与自己关系越密切的人（如家庭成员）对女性的影响越大，这与女性的性别特质以及女性的社交生活圈子特性有一定关系。

　　在经济全球化的促进下，全球跨国人口迁移的速度越来越快，路径越来越多，影响越来越广。此时移民女性逐渐摆脱之前作为配偶的依附形象而独立存在，在社会交往、经济收入、工作等方面独立而自由地发展，但也有一部分女性在移民过程中成为弱势群体，遭遇歧视、拐卖，从事底层服务。就国际移民的进程而言，东南亚地区女性流动的形式从来都是多样化的，只是在不同的历史时期，由于世界经济和地区发展的差异而显示出不同的主要形态，这种多元形态的发展也包含不断的更新。任何形式的移民，无论对输出地还是对输入地来说，其影响都是多重的。所以不同国家和地区会在不同的时期根据发展的需要对移民采取不同的政策，力求趋利避害，这也就从政策和要求等方面影响移民的进程和移民的种类要求，这也充分说明国家和地区的制度和政策对移民及其发展有着重要的影响。

　　华侨华人女性从依附到独立生存，再到自我发展和自我价值实现，在不同地区和国家经济发展的进程中扮演着越来越重要的角色，不仅成为新时代推动创新型经济增长的重要力量，同时也体现了女性的独立和对于实现自我价值的一种渴望。本书基于前人对于女性移民、创新创业的相关研究，以东南亚创新创业的女性华侨华人为研究对象，梳理了创新创业动机、创新创业绩效和创新创业环境的相关概念，建立了以创新创业动机为自变量，以创新创业环境支持为调节变量及创新创业绩效为因变量的理论模型，并提出假设进行实证研究。通过统计分析验证了前文中提出的理论假设，由此得到的研究结论主要包括如下五点。

9.1.1　女性华人华侨创新创业动机对其创新创业绩效具有显著的正向影响

创新创业动机是个体产生创新创业行为的驱动因素，没有创新创业动机就难以产生创新创业行为。创新创业动机从内部需求意愿与外部影响出发，促使那些具有创新创业条件与能力的潜在的人群或现有具有能力和愿望的创新创业者，对创新创业机会进行识别、评价与利用，寻求其生存和发展的过程，是创新创业活动的必要前提。关注华侨华人女性的创新创业动机有助于理解创新创业者在创新创业环境中作出的决策以及围绕创新创业战略和企业的经营目标、市场需求所实施的一系列创新创业行为，这些创新创业行为影响着创新创业活动最终达成的创新创业绩效。

在本书中我们将东南亚华人华侨女性创新创业的动机划分为：生存型创新创业动机与机会型创新创业动机。研究显示这两类创新创业动机对创新创业绩效都存在正向的显著影响，但两者的显著性略有不同。生存型创新创业动机是由于基本的生存受到影响而引起的，诸如家庭收入不足、失业、未充分就业、不满意的工作条件和前景、希望更灵活的时间表以取得家庭和工作责任之间的平衡，同时也包括任何促使女性辞去原有工作的家庭原因，诸如"陪读""照顾老人"等情况，这种理论下的创新创业行为是被动的，甚至是无奈的选择。在现实生活中，这种被动的创新创业动机不占少数，尤其发生在异国他乡的华人华侨女性身上，在陌生的环境为了谋生，很多在各种原因影响下移民的女性被迫开展创新创业活动，创新创业行为是被生存驱动的，所以其驱动型的创新创业绩效只是以足够生存为导向，所以这类动机对于创新创业绩效幅度期望较小。

　　在对生存驱动型的创业案例研究中，我们发现创业者本人的资源禀赋是创新创业得以成功的关键因素，也许正因为在生存型的创业状态下，所以创业者身上都拥有一些共同的品质，那就是顽强坚韧、不惧失败、吃苦耐劳、勇于拼搏。这一点在女性方面表现得更为强烈，虽然没有具体数据支持这一结论，但是在访谈交往中我们能够感受到这一点。在异国他乡缺乏亲友的协助，面对家庭的生活和个人的成长，华侨华人女性展示了她们最坚强的方面（见图9.1）。

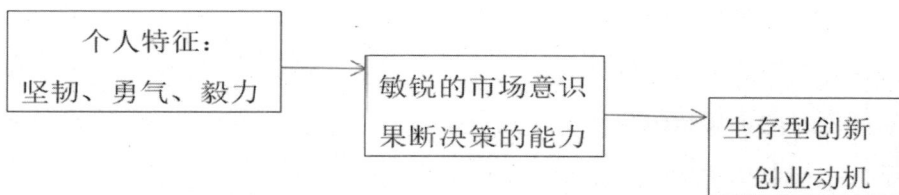

个人特征：
坚韧、勇气、毅力 → 敏锐的市场意识 果断决策的能力 → 生存型创新 创业动机

图 9.1　生存驱动型的女性华侨华人创新创业模型

　　机会型创新创业动机创是来源于华侨华人女性对某一方面的兴趣爱好、能力的展现和资源的掌握，当原来的生存型工作已经满足基本的需要，环境和市场也有了一定的熟悉，一部分女性就产生了将事业做大、做好，实现一些目标和理想的愿望，此时产生了自我价值实现的强烈需要。因为内在的成就感需要使女性追求更高的目标、追求自身能力和爱好，进而对创新创业绩效具有正向作用，所以较生存型创新创业动机而言，机会型创新创业动机与创新创业绩效之间的相关系数更大，相关性相对更为显著（见图9.2）。

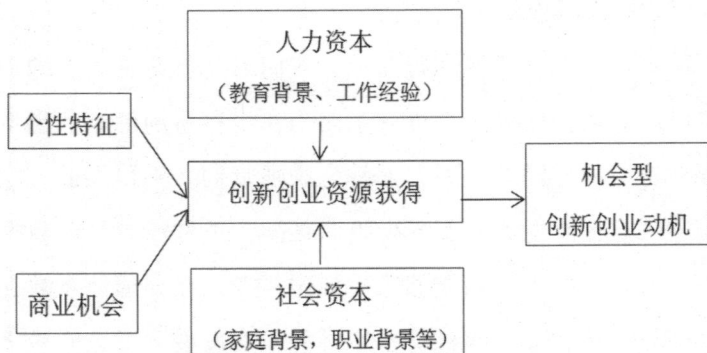

图 9.2　机会驱动型的华侨华人女性创新创业模型

在对机会驱动型的创新创业个案分析时，得出个性特点决定了她们的创业倾向，在商业机会的搜寻和发现过程中，充分体现了她们作为一个潜在企业家的敏锐的市场意识、善于把握商机的才华和果断决策的魄力。必须提及的是，东南亚华侨华人创新创业女性拥有的社会资本、人力资本是创新创业所需的关键资源，而丰富的工作经验和不断学习的态度则为她们的管理经营持续赋能。

我们看到生存型创新创业动机与机会型创新创业动机表现出递进转换关系，即在移民的初期表现为生存型创新创业动机，而当基本生活得以满足、对环境比较熟悉且有一定的资金和社会资源支持时，机会型创新创业动机就会出现。

9.1.2　创新创业环境支持在东南亚华侨华人女性创新创业动机与创新创业绩效的关系中起不同的调节作用

陈文婷、李新春（2013）在"不同制度环境下创业者知识结构与创业价值的关系"的研究中得出：制度环境中的许多因素，诸如法律保护、产权制度等会影响创新创业者运用经验和知识的方式（如在不完善的产权保护制度下的经验依赖），甚至是制度中的非正式部分，如文化、非正式信息等都有可能造成创新创业者动机和行为的差异。事实上，教育背景和经验都是获取知识的手段或过程，其关键作用在于为创新创业者提供适应外部环境或产生突破环境或制度约束的能力。但在不同的制度环境中，创新创业者的教育背景和经验所产生的效果（对创业绩效的影响）可能是不同的，这表现在具备不同知识结构（经验与教育背景或两者的权衡）的创新创业者在特定制度环境下的创业过程会产生差异化的创新创业绩效。

本书将创新创业环境支持划分为国家环境、政府环境、社会环境和家庭环境四个层面。研究的思路是国家负责制度和政策的制定，政府在一定的制度和政策设计下实施政策，社会环境负责各项资源的供给，家庭环境提供一定的基本资源、心理和情感支持。四个方面相互配合才能够更好地促进女性华侨华人创新创业绩效的提升。

根据本书的结果分析，国家环境支持对东南亚华侨华人女性创新创业绩效并没有发挥应有的显著作用，社会环境支持对创新创业绩效具有显著的正向影响，而政府环境支持和家庭环境支持对创新创业绩效的影响会因为创新创业动机的类型不同而有所不同，其中，政府环境支持在生存驱动型创新创业动机与创新创业绩效之间起正向调节作用，而对机会驱动型创新创业动机与创新创业绩效之间的影响不显著，这可能与当地的员工配比政策、资金支持政策、税收支持政策等有关，对于生存驱动型的创新创业者来说，缺少资金投入和税收政策的支持的确无法起步，而机会驱动型与创新创业一般不会缺少创业资金的投入，愿意正常交税以体现创业对社会的贡献和个人的价值。

因此，相比生存驱动型的创业者来说，机会驱动型创新创业对政府政策依赖程度不高。家庭环境支持在机会驱动型创新创业动机与创新创业绩效之间起正向调节作用，而对生存驱动型创新创业动机与创新创业绩效之间的影响不显著，这可能涉及了家庭分离和迁移的问题，而机会驱动型创新创业一般是发生在家庭各个方面比较稳定的基础上，因此，对生存驱动型创业者创新创业绩效的影响不大或者不显著是成立的。不同的创新创业动机影响创新创业者在不同创新创业环境中所实施的创新创业行为，而关于不同层面的创新创业支持对女性创新创业者绩效不同程度的影响的具体原因，则需要未来进一步的研究探讨。

关于社会环境对创新创业的影响方面，本书给予了积极的答案，在社会层面的支持可以正向调节生存驱动型创新创业动机与创新创业绩效的关系。

近几年国内外关于创新创业女性工作——家庭关系的研究逐渐有了一定突破，如黄逸群（2007）从工作家庭互动和匹配角度研究创业女性的工作家庭平衡系统及其影响机制；王飞绒等（2012）在研究中发现创新创业女性可以在不同的创业阶段通过情感支持、资源协同和角色管理等方面实现工作——家庭平衡。然而相关研究大多仍将工作和家庭中的各类因素分离开来，单独讨论其对女性创新创业的影响，如居凌云等（2014）通过问卷调查发现就业困难和现有工作遇到瓶颈等问题能促使女性产生创新创业动机。戴安（Dianne）等（2014）研究发现配偶支持对女性作出创新创业选择具有很大影响。总之就现有研究成果来看工作——家庭关系对女性创新创业的影响是得到广泛承认的。

早期研究认为创新创业和家庭责任之间是相互冲突的，企业角色需要和家庭角色需要会激化工作——家庭冲突（work-family conflict）进而削弱创新创业者幸福感并降低其创业绩效；此后一些学者则认为应该采用一种更为平衡的方法对工作、家庭角色的积极作用进行探讨，例如奥尔德里奇与谢尔顿 L M（ALdrich & Shelton L M）从嵌入理论（embedded theory）的相关观点出发对创新创业与家庭之间的相互联系和影响进行讨论，提出家庭支持是女性创新创业不可或缺的资源，它对商业机会的识别、创办公司的决策及各项资源的利用有重要的意义，还提出女性创新创业者通过采用正确的工作家庭管理策略可以减轻企业角色需要和家庭角色需要二者间的冲突，进而提高其创业绩效。

在学术界对创新创业绩效概念的界定基础上，本书认为东南亚华侨华人女性创新创业绩效是指华侨华人女性在创新创业后的经济回报、社会及市场对创新创业者的评价及认可。其中最常用的指标体系主要包括财务指标和非财务指标，财务指标主要包括销售增长率、投资回报率、资产回报率、每股市价，等等，能够直接反映创新创业成效，也是对创新创业者的基本评价；同时，在创新创业者三要财务指标衡量的基础上为了更广泛和更高层次评价创新创业者绩效，往往会需要结合非财务指标，主要涉及市场、产品、员工、顾客等方面，例如市场占有率、产品质量、员工数量及成长、产品生命周期延长和顾客满意度等。

在本书中东南亚华侨华人女性生存驱动型创新创业动机与机会驱动型创新创业动机对创新创业绩效都存在显著的正向影响，但两者的显著性略有不同。生存型创新创业动机主要以关注短期的财务指标为目的；机会型创新创业动机则是在关注财务指标的同时还关注非财务指标，以企业的长期发展为目标。

9.1.3　华侨华人所在的国家和政府是东南亚华侨华人女性创新创业的重要力量，尤其是小微型企业的发展

一般情况下，在政府干预程度较高的地区，企业需要付出更多的时间和精力跟政府机构打交道，此时的小型创业者可以通过有效的社会关系（社会服务机构）与社会经验来争取政府的各项支持，减少创新创业中的交易成本，提高办事效率，增加创新创业价值；中型以上的企业可以成立企业的专门机构争取政府的各项支持。正在政府干预程度较低的地区，虽然政府效率的提高使创业者不必像在高政府干预地区广泛地使用社会关系与社会经验来减少创新创业交易成本，但政府干预程度降低也显示政府支持力度的减弱，缺乏各项政策，此时创新创业者更要大胆创新，争取推动政府出台相关政策，进而使创新创业的成本降低。

国家和政府是政策的制定者和执行者，所在国或区域创新创业是否成立

和运行，往往与政府的意愿和导向有极大的关系。诸如东南亚各国政府对中小企业的发展历来就很重视。新加坡1965年建国以来，政府一直重视中小企业的发展，新加坡经济的迅速崛起也得益于政府对中小企业的鼓励、扶持和引导。在1965—1979年出口导向工业化时期，新加坡政府于1976年推出"小企业融资方案"。1982年，为了适应国内产业调整，又提出"小企业技术协助方案"（SITAS），而在1985年新加坡经济经历大衰退后（1985年新加坡GDP增长率为-1.6%），鉴于跨国公司的流动性，新加坡政府及时意识到提升本地中小企业竞争力对新加坡经济发展的重要性，为促进新加坡中小企业的快速发展，1987年，新加坡经济发展局与其他多个政府机构联合推出了中小企业全面发展计划（SME Master Plan），提升中小企业科技创新能力。1997年，东南亚金融危机以来，新加坡政府促进国内中小企业发展最显著的政策是新加坡政府于2000年年初出台的《新加坡中小企业21世纪10年发展计划》（简称SME21），支持中小企业走出去，开拓海外业务；同时多途径解决中小企业的资金短缺困难，伴随着新加坡经济发展以及新加坡政府对中小企业政策的变化，新加坡中小企业的定义也随之不断地变化。

20世纪60年代，新加坡经济发展局对小型企业的界定为：雇工不足50人，固定资产不足25万新元的企业。1979年，根据新加坡"小型工业金融计划"（SIFs）的规定：凡资本不足200万新元的企业为小型企业。1988年，新加坡中小企业旗舰计划将"凡至少持有30%的本地股份，在制造业部门的净固定资产投资不足800万新元，或在商业、服务业部门雇工不足50人"的企业界定为中小企业。而到了1994年"凡至少持有30%本地股份，不超过1200万新元的固定生产性资产，或在服务业部门雇工不足100人"为中小型企业。2000年，新加坡21世纪中小企业委员会（SME21）又将国内中小企业界定为：至少持有30%的本地股份和不超过1500万新元的固定生产性资产，或在服务业部门雇工不足200人（见表9.1）。

表 9.1　新加坡中小型企业分类标准

定义	20 世纪 60 年代	1979 年	1988 年	1994 年	2000 年
小型企业及中小型企业定义	雇工不足50人，固定资产不足25万新元为小型企业	资本不足200万新元的企业为小型企业	凡至少持有30%的本地股份，在制造业部门净固定资产投资不足800万新元，或在商业、服务业部门雇工不足50人，为中小企业	凡至少持有30%本地股份，不超过1200万新元的固定生产性资产，或在服务业部门雇工不足100人，为中小企业	至少持有30%的本地股份和不超过1500万新元的固定生产性资产，或在服务业部门雇工不足200人，为中小企业

资料来源：根据新加坡经济发展局（Singapore Economic Development Board）资料整理。其中1994年来自Charles Harvie，Boon-Chye Lee：*The role of SMEs in national economies in East Asia*，Northampton，MA：Edward Elgar Press，2002，pp.376.

从理论上分析创新创业环境支持对创新创业者创新创业绩效的实现和达成都有一定的促进作用。根据本书结果分析，国家环境支持对东南亚华侨华人女性的创新创业绩效没有发挥应有的显著作用，社会环境支持对华侨华人女性的创新创业绩效具有显著的正向影响，而政府环境支持和家庭环境支持对华侨华人女性的创新创业绩效的影响会因为创新创业动机的类型不同而存在差异。具体而言，政府环境支持对生存驱动型创新创业动机与创新创业绩效之间的关系起正向调节作用，而对机会驱动型创新创业动机与创新创业绩效之间的影响不显著。结合访谈和相关资料研究，受访者把国家和政府的作用混淆，认为政府政策的作用能直接感受到，从而国家的作用弱化导致受访者认为政策在执行过程中产生的问题是源于国家政策制定不全或者不适合等，同时，本书访谈的东南亚华侨华人创新创业女性的企业属于初级和中级阶段，有一些政策还未得到享受或者未引起他们的足够关注。

9.2　实践启示

"一带一路"倡议及全球化的时代背景，使海内外之间的联系越来越紧密，中国稳定的政治体制以及高速的经济发展和不断提升的国力，给各个国家和地区的华侨华人一定的信心；而国内新的观念、新的技术的发明和大范围、快速的应用，为华侨华人在异国和地区的发展开拓了更大的空间。

女性华侨华人创新创业者本身就是一个较为特殊的群体，除了性别、角色、心理的差异等微观上的影响，还包括在创新创业的宏观环境中政策、行业的选择有一定的局限，另有家庭角色的因素影响。在此基础上，为了更好地了解东南亚华侨华人女性的创新创业活动、环境影响以及创新创业绩效，进而了解全球华人的生存及发展状态，本书提出以下建议：

9.2.1 东南亚华侨华人女性创新创业者要清晰、明确自身的创新创业动机

本书将东南亚华侨华人女性创新创业动机划分为生存型创新创业动机和机会型创新创业动机进行研究，主要是因为生存型创新创业动机和机会型创新创业动机整合的资源存在一定的不同，并且创新创业者的要求和期望也存在差异。只有对自身创新创业动机有一个清楚的了解和定位，才可以确立更适合自己的创新创业目标。如果东南亚华侨华人女性的创新创业动机更倾向于生存驱动型，则需要更多地关注创新创业事业的盈利情况，对今后的持续发展以及员工成长、社会效应等可以暂缓考虑，选择的创新创业行业及项目应该是风险相对较小、收益比较稳定且受到国家政府支持、市场需求稳定的行业及项目；如果东南亚华侨华人女性创新创业者创新创业动机更倾向于机会驱动型，则可以更多地关注个人价值的实现、员工的成长和发展、企业的长期持续发展以及企业的社会效益等情况，以便实现自己的社会价值，选择的创新创业行业及项目可以为实现自己的专业和理想且市场风险比较大的行业及项目。同时，生存型的创新创业关注短期效益，而机会型创新创业更关注长期效益，区别性对待能更为有效地提高创新创业成功率。

9.2.2　东南亚华侨华人女性创新创业者要熟知所在国家和地区的制度政策

一般情况下，在市场化水平较低的地区，创新创业绩效一般取决于两个方面，一是政府在资金和项目上的支持，此时需要所在国家和地区政府在产业发展方向和市场信息上给予支持；二是创新创业者的创业绩效会朝着创业者的经验和个性一端倾斜，尤其是社会经验与管理经验。在较高的市场化水平和政府制度环境下，创业者的教育结构和知识水平、政府的政策环境对创业绩效有着积极的正向作用，教育结构和知识水平可以帮助创新创业者快速识别政策环境，抓住机会；但在市场化程度高但政府控制力较弱的环境下，创新创业者主要依赖于市场资源，原本的经验发挥空间并不大；因此，创新创业者的教育背景、经验与政府政策环境的交互作用对创业绩效产生正向影响；在低市场地区，表现为专业教育背景、经验和政府政策支持的相互促进，而在高市场地区，表现为教育、经验与政府政策环境的相互促进作用，这说明有效的创业并不是依靠教育或经验的单一知识结构，而是需要创业者在不同制度环境下的综合能力。

根据本书的结果分析，政府政策支持对创新创业绩效具有显著的正向影响，而政府环境支持和家庭环境支持对创新创业绩效的影响会因为创新创业动机的类型不同而有所不同，其中，政府环境支持对生存驱动型创新创业动机与创新创业绩效之间的关系起正向调节作用，而对机会驱动型与创新创业绩效之间的影响不显著，创业者们的创新创业项目和企业在不同创新创业环境中由于产生了不同的政策环境影响，因而所实施的创新创业行为及结果是不同的。例如对所在国和地区税收优惠政策的了解，税收优惠政策是指税法对某些纳税人和征税对象给予鼓励和照顾的一种特殊规定。比如，免除其应缴的全部或部分税款，或者按照其缴纳税款的一定比例给予返还等，从而减轻其税收负担、增加获利。税收优惠政策是世界各国调控经济的手段，国家通过税收优惠政策、可以扶持某些特殊地区和产业的发展，促进产业结构的调整和社会经济的协调发展。

由于政策的多样性，东南亚华侨华人女性创新创业者可以通过商会、协会及相关的咨询和支持机构了解国家对女性创新创业的相关政策，分析论证创新创业计划的可行性，对创新创业过程中可能遇到的政策问题，诸如税收问题、员工配比问题、法规法律问题等尽全力进行详细了解，尤其是要加大对女性及女性创新创业方面的支持政策和鼓励政策的了解，并积极将各种优惠的政策应用于企业，使企业的发展建立在坚实的基础上。诸如《新加坡中小企业21世纪10年发展计划》目标是用10年的时间增强中小企业整体实力，为了实现该目标，新加坡政府出台了40多项配套措施，从宏观到微观渗透到中小企业的各个方面。为了扶持中小企业健康发展，新加坡还成立了专门机构新加坡标准、生产力和创新局（Standards, Productivity and Innovation Board，以下简称标新局），负责《21世纪10年发展计划》的实施。该机构在提供技术支持、服务指导、鼓励科技创新等方面采取了一系列优惠措施，并帮助中小企业向银行贷款，缓解资金压力，完善中小企业服务体系，促进中小企业健康快速发展。

9.2.3 东南亚华侨华人女性创新创业者要了解所在国家和地区的政治体制变化，把握创新创业机会

制度差异是造成创新创业者价值贡献不同或不能得出统一结论的重要因素。正如穆勒（Mueller, 2006）所言，创新创业者的创业决策和行为是深深嵌入在其所处的创业环境中的。在部分制度环境下，创新创业者的工作经验和管理经验甚至会在创新创业过程中呈现负面效果。在缺乏政府控制但市场经济高度发达的制度下，即高市场—低政府组别，创新创业者的知识水平和管理工作经验对创新创业绩效有时候呈现出的是显著的负向影响。这说明，经验丰富并不一定总能为创业带来好处，市场经济的蓬勃和发展为创业者提

供了多元化的创业机会和成长可能，但当缺乏强有力的政府制度约束和控制的时候，创业者极有可能利月其经验进行非效率的创业投资、资源分配等，导致创业价值的下降。因此，探讨制度差异与创新创业绩效的关系时要将其放在特定的环境中分析。

一方面，由于政治上的原因，东南亚大多数国家国内局势动荡，经济一直发展不起来，政变和军人统治经常发生，国内分离势力和恐怖主义也阻碍了经济的腾飞。在战后东南亚的政治发展史上，曾出现过效仿西方的议会民主制和本土产生的威权主义政治。一般认为前者是民主的，后者是独裁的。但在实践中发现却是截然相反的情景：在实行西方民主制的国家，虽然在形式上广大民众拥有了普遍选举权，但选举不过是少数政客进行社会动员和谋取权力的手段。在这种情况下，民众的利害关系很少体现在政策之中，政府办事效率十分低下。而在发展取向的威权主义政治中，民众的政治参与和政治发言权通过精英人物代理的方式得到高度承认和重视，政策在很大程度上列入了民众的利害关系，政府拥有很高的效率。在新加坡这个被认为"最缺乏民主"的国家里，其人民行动党的长期执政地位是通过定期举行的选举来决定的，政府的政策也充分考虑到人民群众的长远利益和根本利益，并且在政策制定过程中注重广泛征询社会有关团体的意见。而在效仿西方的议会民主制度之下，选民除了定期参加选举之外，对各种实际会影响到其切身利益的政策制定却难以参与。另一方面，尽管政治选举表面上给予选民最终的决定权，但实际上所选举的代表和政府在决策时通常优先考虑的是私利或者某些特殊权势集团的利益。战后东南亚的政治社会现代化完全是从殖民主义统治下获得独立和解放的国家对自身发展道路的自主选择；东南亚在政治社会转型方面没有屈服于西方的压力，没有搬用西方的发展模式，而是根据自己的实际找到适合自己的发展类型和方式。虽然西方势力，包括国际货币基金组织和各种非政府组织，在20世纪80年代以来东南亚政治转型中起到了一些作用，但这并没有改变这一历史过程，主要是东南亚地区各个国家自主选择的道路。

　　当然，东南亚的政治变革和社会转型过程本身也存在一些问题和挑战。在政治转型方面，由于经济和社会条件还不够成熟，一些东南亚国家在实现政治现代化的过程中往往陷入"民主—动乱—专制—再民主—再动乱—再专制"的恶性循环之中，如何避免这种反弹，实现专制再向民主转变软着陆，对这些国家而言还是一个严峻的挑战。由于近几年国际形势的影响，东南亚一些国家经济的发展目前已没有什么其他选择余地，一方面，出口十分不景气，另一方面，通过货币贬值来增加竞争力也不可取，所以进一步放松货币政策的空间也不大。此时鼓励国内消费者减少储蓄、增加开支和消费，也许成了唯一的希望。目前，这些国家正在朝此方向努力。有的国家将增加政府开支来扩大内需，如：兴建改进落后地区的基础设施或花大笔资金解决环境问题；有的国家计划进一步放宽金融市场管制，以刺激房地产业以及其他行业的发展。

　　在此背景下，东南亚华侨华人女性创新创业者首先要多方了解所在地区和国家政治及政策的变动趋势，使自己从事和选择的行业、项目战略与地区发展战略及政策相适应。其次，利用特殊的华侨华人身份积极参与大区域战略发展，诸如"一带一路"，并积极了解新的技术（互联网、5G、人工智能等），投身到所在地区和国家产业转型升级以及为产业升级和转型服务的趋势中。

　　9.2.4　东南亚华侨华人女性创新创业者在创新创业过程中需要整合多方面社会资源

　　获取市场机会和拥有资源是指创新创业者在以往经历中所积累的经验和在创业前所积累的社会资本如人际关系网络等。一般文献中对于经验的研究分类是：工作经验（尤其是工作中的运营管理方法及战略思路）、社会经验（与社会资本和机构联结的能力、领悟政策及环境变化的能力）和以往创新创业的经验。例如，罗宾逊和塞克斯顿（Robinson & Sexton，2002）、谢恩（Shane，2000）、谢泼德和艾蒂安（Shepherd & DeTienne，2005）、瓦格纳（Wagner，2004）等研究皆表明创新创业者先前的管理和创业经验对绩效具有积极的影响。戴维松和霍尼格（Davidsson & Honig，2003）和米尼提（Miniti，2004）等研究表明创新创业者以往的社会资本对创新创业起到了积极的影响作用。

在对创新创业动机的影响上，基姆（Kim，2007）的研究表示创新创业者的管理经验会使他们的创新更成熟。具有管理岗位经验的创新创业者在建立网络、雇佣员工、与客户和经销商进行沟通方面更熟练，这些都是影响创业绩效的关键因素（Robinson and Sexton，1994；Bates，1995；Gimeno et al.，1997）。同时，经验可以提高创业者解决问题和反对挑战的能力。例如，创新创业者在中小型企业中的经验能帮助获得第一手的信息，帮助解决创新创业中可能遇到的问题等，从而提高创新创业的成功可能性（Boden，1996；Wagner，2004）。对于社会经验而言，往往从创新创业者在创业前或创业初期与其社会网络成员的关系来反映，这些关键性的资源包括了家族、朋友、同事、社会机构等各部分。社会经验对于创业的主要作用在于传递有价值的信息、提供关键以及给予精神支持等（Aldrich et al.，1998；Blanchflower and Oswald，1998；Dunn and Holtz-Eakin，2000）。具有家族经验的创新创业者具备资金等资源上的显著优势，进而提高了创业绩效（Dunn and Holtz-Eakin，2000；Parker，2004）。与其他朋友、政府机构、社会成员的联结带来的经验则主要是影响创业者获取资源的能力和规避风险的能力。

资源整合是指对不同来源、不同层次及不同结构的资源进行识别与选择、汲取与配置、激活和有机融合，使其具有较强的柔性、条理性、系统性和价值性的复杂动态过程，资源整合是企业战略调整的手段，也是企业经营管理的重要工作。企业资源都是有限的，企业不仅要拥有内部资源，具备充分利用外部资源的能力，使社会资源能更多更好地为本企业的发展服务。

一些企业没有厂房，没有机器设备，甚至没有自己的员工，同样能生产出产品。当然并不是真正没有，而是充分利用了社会上的资源进行虚拟研发、虚拟营销、虚拟运输以及虚拟分配（指股权、期权制）等。有的企业进行脑体分离，企业仅拥有组织经营生产的人员，几间办公室而已，却利用外部的土地、厂房、社会上的技术人员、管理人员、劳动力、原材料等生产出大量的产品。所以，创新创业型的企业在发展中必须时刻提醒自己要开阔视野，充分利用广泛的社会资源。

社会环境对于东南亚华侨华人女性的支持体现在人才、技术、资金、信息等各个方面，在创新创业过程中，政府机构和家庭虽能够提供部分创新创业资金扶持，但充分了解社会融资渠道以及整合相关联资源是十分关键的。因此，熟知金融政策和渠道、人才获取、市场技术、市场信息等与自己创新创业项目相关的内容，尤其是与国内同行的交流，在法律和政策容许的情况下，多方面寻求松散性及紧密型合作，才能为创新创业争取大的支持。

9.2.5 东南亚华侨华人女性创新创业者要处理好创新创业和家庭的关系

一个社会越是进步，就越强调女性在社会发展中的作用；一个社会的文明程度，在一定程度上取决于男女平等的确立程度；一个社会越是文明、开化，就越强调女性的社会角色与家庭角色的统一。因为女性在人类历史发展进程中担负着后代繁衍和社会发展的任务，历史的发展要求女性走出家庭，走向社会，承担一定的社会责任，以实现自身价值。所以，每一个女人都扮演着家庭和社会双重角色——在是妻子、母亲的同时，还要成为社会生活中的一员；在为家庭奉献的同时，也追求着自身存在的社会意义和价值，为人类的进步与发展作出贡献。工作和家庭是人们生活中两个最重要的领域，两者之间有着密切的联系。人的社会属性与家庭属性之间的协调问题近些年来日益显现，因此工作家庭问题成为组织行为学及人力资源管理中的一大焦点。对于创业女性而言，"家庭角色"与"社会角色"的协调转换问题以及由于两者之间的冲突与矛盾带来的种种困难对她们的事业、家庭生活、身心、社会活动等都带来很大的影响。

女性创业作为一种社会现象受到普遍关注只是最近二十几年的事情，但女性创新创业的发展却十分迅速。无论从企业的数量、创造的收入，还是雇用的工人数量方面来看，所带来的贡献日益突出，成为全球经济增长的重要驱动力量之一。根据2005年全球创业观察项目（GEM）的女性创业报告，女性创新创业正在全球蓬勃兴起，在从事创业活动的人当中，女性所占的比例已经超过1/3。GEM对35个国家和地区的创业情况调查结果显示，女性全员创业活动指数为6.9%。一些研究妇女问题的专家认为，女性创新创业将是21世纪经济发展的趋势，将成为经济发展中的新热点。

根据第四章的调研内容可以看出，绝大多数东南亚华侨华人女性创新创业受到家庭因素影响并不是呈现明显积极或者消极，华侨华人女性创新创业更多是出于家庭生计与经济开支的考虑，而并非较多上升到完全的情感支持与鼓励，还是存在较多的"创新创业理想"与"家庭生活现实"之间冲突的无奈。根据上海社会科学院的最新调查显示，25%的创新创业女性都离婚或曾离婚，上海社会科学院社会学所的专家费涓洪以深入访谈的形式，对分布在上海10个区的30名私企女业主做了个案研究，发现她们中有5人有离婚经历，而且80%都是在创新创业后离婚的。费涓洪认为，引发创新创业女性婚姻危机的原因主要是女性创新创业被认为是"不安分"的、妻子不愿放弃事业，丈夫便与之离婚。女性创新创业是对传统性别角色的挑战，妻子身价倍涨后，拉大了与丈夫的差距，有的丈夫在心理上感到难以忍受而引发家庭矛盾的出现。

女性多重角色的冲突和矛盾随着经济发展变得更加尖锐，一方面女性需要抓住改革的历史机遇，经受各种角色的考验，追求事业与个人理想的实现；另一方面就女性在家庭中的角色而言，由于物质生活和观念的变化，家庭、社会对女性的期望值大大提高，当今成功女性的内涵已不仅仅是贤妻良母，而是在家庭和社会职场中全面协调发展。在传统观念的影响下几乎所有的创业女性都面临了不同程度的事业—家庭问题。所以如何平衡家庭与事业的关系，日益为女性所关注。家庭与事业的冲突，让许多追求成就感的女性陷入两难（Hisrich & Brush, 1982; Scott, 1986; Stevenson, 1986; Neider, 1987; Stoner et al., 1990）。工作—家庭平衡是女性克服职业生涯障碍的重要问题，事业和家庭是相辅相成、协调统一的，事业上的成功会推动整个家庭向前发展，和睦幸福的家庭又会促使事业获得更大的成功，其中任何一方的欠缺都使女性的人生不完整，生活存在遗憾。工作是当代女性与外界社会保持联系的重要途径，社会中的女性既要努力工作，又要处理好人际关系。若把社会工作当成自己的一切，忽略家庭的存在很可能会带来家庭问题。社会本身就是一个动态的平衡，对于每一个处于这种动态中的创业女性而言，如何把握这份平衡，在家庭与社会之间寻找到适合自我的发展空间，是非常值得思考的关键问题。

"创新创业"，对于女性而言早已不陌生，不少人乐在其中。在美国，根据调查，双薪家庭中妻子的收入与丈夫相当或超过丈夫的已经占了近45%。在英国，根据一项调查一些地方百万富豪中女性的数量已经接近甚至超过男性，为此英国传媒发出一片惊呼声："涂口红的竟然超过了长胡子的。"《上海妇女》杂志社副主编唐文青表示：研究发现，女人越富有，离婚的概率就越高；女性工作时间的上升与其离婚率成正比，男性则没有具体影响。财富和家庭，真的如鱼和熊掌一样难以兼得吗？《现代家庭》杂志的林华指出，在美国的女性运动中曾提出一个口号："要面包，也要玫瑰。"东南亚华侨华人女性在创新创业中，不但要注重财富的积累和增值，同样要注意家庭关系的处理，无论是工作还是创新创业，通过经济独立，享受成功的满足感和自豪感，女人才会越来越自信。家庭对于东南亚华侨华人女性创新创业的支持和认可度具有重要作用，家庭支持不仅表现在初期资金上的支持，更关系到在异国他乡创新创业过程中的情感、精神支持问题。大多数女性创新创业者在家庭和工作中都扮演重要的角色，家庭给予充分的鼓励和支持，对于女性创新创业者调节家庭与工作的关系、避免不必要的冲突有很大的帮助，从而能够提高创新创业成功率。

国外关于女性创新创业的研究文献中，常常会提到家庭因素对女性工作与事业的影响很大。由于女性的家庭角色与男性存在差异，工作与家庭间的平衡对创业女性来说是一个更为突出的问题，也是女性创业者的压力的重要来源。这些问题推动了对女性创新创业个人、工作与家庭生活间交叉的理论研究（例如：Kossek, Noe, & DeMarr, 1999; Perrewe & Hochwarter, 2001）。以往关于女性创新创业工作家庭问题的研究其往往假设工作和家庭、公开和私人生活领域之间的分离，"家庭"和"私人"被定义为女性的主要责任，在比较女性创业研究和一般创业研究的文献中尤为明显。研究者们都常常把家庭作为一个"需要解决的问题"或是"困难"，有些研究就是把家庭作为一个女性创新创业和运营企业的障碍来对待。创新创业研究中对家庭的关注是在男性创新创业的研究中没有被提及（Carter & Alien, 1997; Cox et al., 1984）的，这说明家庭问题在创新创业女性当中的普遍性和重要性。虽然以往关于女性创新创业的研究对此也有涉及，但是更多是把家庭作为创业领域外的因素予以考虑，而没有纳入创新创业系统来作为一个系统内的元素来看待。一些研究者也指出，女性包括女性创新创业者仍然是家庭责任和子女抚养的主要承担者，使她们在家庭和工作的不同角色之间相互干扰（Ferguson & Dump, 2008）。虽然有部分研究认为创新创业是女性应对工作家庭冲突的一个有效途径，但是在新的环境中是选择家庭责任还是创新创业？如何解决现实中创新创业女性在生活中一直存在的"冲突"呢？这也是本书的出发点。

从东南亚华侨华人女性创新创业发展的现实问题和理论研究出发，创新创业与家庭平衡是研究中的重要主题。有关创新创业女性工作—家庭平衡的机制及其影响的内在过程，在以往研究中都得到良好的解释。例如溢出理论指出，单个方面的匹配可以随着时间推移引起其他方面的改变，也就是整个创业框架具有动态的属性：工作和家庭两个微观领域在不同创业阶段、不同家庭发展阶段呈现不同的需求，二者之间的匹配对个体的要求不同，进而不同阶段工作家庭匹配模式一定程度上影响了个人尤其是女性的社会网络特征，社会网络特征又会影响创业过程的特征，又出现了一个与创业环境相匹配的问题。所以从整个框架来看，多重匹配与匹配动态演化的思路在研究与个人生涯发展有关的女性创业问题中是一个值得深入探讨的角度，这与王（Wang，2004）在ASD成长模型中提到的思路有相通之处，即强调人发展的动态性、多阶段性，个体、环境、阶段匹配性，使研究将主体人与活动空间—环境与活动时间—阶段共同考虑，对人发展的规律更具有解释力。

9.2.6　东南亚华侨华人女性创新创业者要不断学习新的知识、技术，并更新创业观念

学习型组织理论认为，在新时代经济背景下，个人和企业要持续发展，必须增强个人及企业的整体能力，提高整体素质；也就是说，个人和企业的发展可以靠强有力的领导者一夫当关、运筹帷幄、指挥全局，也可以在此基础上建立真正出色的、使各阶层人员全新投入并有能力不断学习的组织。成功的学习型个人和企业应具备六个要素：一是拥有终身学习的理念和机制，重在形成终身学习的步骤；二是多元反馈和开放的学习系统，重在开创多种学习途径，运用各种方法引进知识；三是形成学习共享与互动的组织氛围，重在建设团队和企业文化；四是具有实现共同目标的不断增长的动力，重在共同目标不断创新；五是工作学习化激发人的潜能，提升人生价值；六是学习工作化使企业不断创新发展，重在提升应变能力。

当今社会，市场经济随着政策、技术和需求的变化呈现出复杂性和快速性增加，市场与国际越来越接轨，意味着非常多的创新创业者必须通过更新

知识才能够获得长期的发展，否则就难以在国际化的竞争中获得优势和价值。这时候，尽管经验非常重要，但创业者可以通过教育来补足专业知识的欠缺。同时，也有学者指出，对于创业者身上蕴含的缄默知识，如果没有多元化的知识结构作为支撑，这种缄默知识也很难生成或产生作用（Nonaka，1994）。一个具有更多样化知识结构的创业者，更容易成功（innovative entrepreneur）。对于成功的创新创业者而言，仅仅具有经验也并不能增长缄默知识，而是要这些经验彼此能够与当今复杂多变的环境相互关联分析，在错综复杂的环境中求得生存和发展。此外，必须通过其他学习方式融入新的知识，适度调整经验，将过去的经历或经验有效转化（Cliff，Jennings and Greenwood，2006）。可以预期到，创业者的教育与经验会呈现出相互促进的作用，即一个既具有经验又具有高教育水平的创业者，才有可能创造更高的创业价值。

有研究表明，在一个转型和过渡的环境中，教育背景对于创新创业成功的作用非常大，而经验的作用却不明显。原因在于在特殊的转型环境中，创业者的先前经验往往是在一个完全不同的或彻底转变了的环境中获得的，在另一个环境中创业时则难以起到显著影响（例如，Johnson and Loveman，1995；Mathijs and Vranken，2001）。

创业者的先前经验与新企业初期生存、成长绩效之间的关系，是学者们竞相关注的焦点，但结论并不一致（正相关、无相关、非线性）。例如，莱卢普（Rerup）指出创业经验并不能保证未来所具备的高层管理经验；以往的经验对于创业者发现并利用机会的影响是不确定的；马弗尔（Marvel）指出尽管创业经验、行业经验等与创业绩效成正相关关系，但有时丰富的经验是企业创造性的限制因素，过高的人力资本将限制企业家参加冒险性的突破性创新活动来创造价值。研究中存在的这些争论说明：创业者的先前经验与新创企业绩效之间有密切联系，但何种具体的先前经验通过什么途径对企业的创新绩效产生影响仍然处于"黑箱"之中，这也充分说明，创业者的先前经验在带来良好创业绩效表现的同时也存在弊端。

创新创业者的先前经验一般情况下是一把双刃剑，需要在实践中好好把握并利用。依据斯塔特（Start）和拜格雷夫（Bygrave）提出的经验"资产与负债"的概念，先前经验作为一种特殊的人力资本，在对企业绩效产生影响的过程中，并不是越多越好，而是存在一个阈值，超过一定限度的经验将会阻碍创业者的创业行为，带来绩效的下降。因此在实践中，创业者可以根据自身的先前经验，选择与自己互补的团队成员。这样在新的创新创业活动过程中可以弥补在创新创业学习风格方面的同质性，增加学习的多样性，从而获取更多的创新创业资源，实现更高的创业绩效。

赵文红、孙万清（2013）在《创业者的先前经验、创业学习和创业绩效关系的研究》一文中指出：创业学习在创业者先前的行业经验向创业绩效的转化过程中起了倒U型的中介作用。[①]说明创业学习是行业经验向创业绩效转化的关键因素，创业者先前行业经验能够为创业者带来行业知识和技能，帮助克服新进入缺陷，通过创业学习提升行业经验向创业绩效的转变。但是过度进行探索型学习或者一味进行应用型学习的创业者，会遇到由于其过去的经验没有被很好利用而带来低效高成本的问题，从而使创业绩效下降。

"阅读使人充实，会谈使人敏捷，思考使人清晰，史鉴使人明智，博物使人深沉，逻辑与修辞使人善辩……"以上培根所谈的各个方面都需要每个人不断地学习、研究而获得。只有不断学习、更新知识，才能使人不断形成一个在意识、态度、动机和技能方面相互联系、越来越成熟的思维模式，而这种模式形成以后，就能指导人获取更多的知识。所以不断地学习是东南亚华侨华人女性创新创业成功的突破口。

当今世界环境和技术、市场竞争与运作、市场需求和消费者心理及行为等都在发生剧变，唯有不断学习，才能开始创新创业，也才能掌握创新创业

---

① 赵文红，孙万清. 创业者的先前经验、创业学习和创业绩效关系的研究［J］. 软科学，2013（11）.

的节奏。创新创业者个人学习能力和社会交往能力的不断提升对创新创业者绩效有着非常重要的作用。

9.3　研究局限与展望

目前国内对于海外华侨华人女性的研究比较零散，系统性不强，虽然对于创新创业方面的研究不再是空白领域，但是研究总体相对较少。当今越来越多的女性走上创新创业之路，她们不仅成为新时代推动创新型经济增长的重要力量，也在诠释女性的独立和自我价值实现的力量，但女性创新创业即便是不受外在因素的影响，也会受到很多因素的影响或制约，诸如传统的家庭观念使女性不得不平衡家庭与创新创业的关系、自身的身体条件使她们不得不考虑从事的行业问题，因此其创新创业所承受的压力与阻碍会比男性多，创新创业艰难程度也就更高，女性创新创业这一问题则需要得到更多的关注。东南亚华侨华人女性创新创业则比女性在母国创新创业更为复杂，东南亚华侨华人女性创新创业及发展的国内外研究相对较少，尽管本书尽其所能对创新创业的东南亚华侨华人女性进行了问卷和访谈且拿到了一手数据进行探索性研究，仍存在以下几个方面的局限性。

其一，本书所用的调查问卷考虑为了理论的完整和准确，在问卷问题设计上语言过于学术化、语言表达僵硬难以清晰理解，这给被调查对象在填写问卷的过程中增加了一定的理解难度，会存在理解偏差，从而问卷废卷数量增加。同时被邀请填写问卷的人主观感知填写结果可能与其创新创业活动中的真实行为存在一定的偏差，因此，在今后的研究中，问卷设计一定要注意考虑和研究对象吻合，有待进一步完善。

其二，本书的研究对象主要是东南亚华侨华人女性，由于样本特质较强，数据收集存在一定的难度，同时本书只对东南亚华侨华人中创新创业女性进行了问卷调研和访谈，没有区分问卷来源所属，只是就问题谈问题，缺乏对比分析，从而一些问题说服力不强。在今后的研究中可以在相同的条件下区分国家和地区，增加东南亚华侨华人创新创业男性问卷调研和访谈，据此进行国家和地区、女性和男性创新创业者的横向比较分析，使研究问题更具说服力。

其三，每个创新创业者对风险的承受能力与创新创业者本人年龄、经历、拥有的资源和能力、企业所处的创新创业阶段以及创新创业年限有一定的关系。由于样本数量的问题，本书没有对东南亚华侨华人女性创新创业者拥有的资源和能力以及企业的创新创业年限加以区别，这是存在的不足之处，在今后的研究中，应该综合详细指标考虑创新创业者的特质、创新创业企业所处的阶段以及创新创业年限等相关因素，更加深入地研究创新创业动机、创新创业资源等对创新创业绩效的影响。

其四，本书研究对象存在一定的地域局限性，只选取了东南亚的少数几个国家和地区的华侨华人女性创新创业者，且在问卷中没有体现国家和地区，只是将问卷概括成东南亚创新创业女性，使一些问题无法进行对比研究分析。因此，在今后的研究中，需要拓展研究的区域，并对不同国家和地域进行对比分析，以拓展本书的研究结论。

其五，本书研究内容上存在一定的局限性，仅研究了东南亚华侨华人女性所在国和地区的创新创业活动，对于她们有机会回国创新创业的愿望和动机没有进行分析，在世界处于百年未有之大变局的今天，中国国内的稳定环境和优异的政策对她们回国创新创业有极大的吸引力，这是需要继续研究的。

其六，经过研究能够知道生存型动机和机会型动机对创新创业绩效、创新创业风险的影响存在一定的差异，但是问卷中在描述生存型动机和机会型动机方面指标的体现不清晰，造成调研问卷得出的数据不够全面，我们只能够根据访谈所了解到的情况以及研究结果合理推测差异产生的原因，却无法具体准确地解释产生差异的原因。

第三篇

案例合集

平凡中的不平凡

桃李不言下自成蹊

人生的精彩

平凡中的不平凡

与林娟女士的初次接触是在一次语音采访中，虽没能看见她的模样，但在对话中能感受到她的干练。尤其是在她创新创业经历的讲述中，我的眼前似乎呈现着这样的画面：一个坚韧、执着的女性，在异国他乡的荆棘丛中凭借着莫大的勇气与智慧披荆斩棘，走出了一条属于自己的不平凡之路，诠释着她的巾帼形象。

一、出平凡世界，踏不凡之路

"思想决定行动，眼界决定高度"，这句话在林女士这里用得极为贴切。1989年林女士幼师毕业，在从事幼教工作五六年后，也许是看到了这份工作的"天花板"；也许是骨子里的那股冲劲激励着她去挑战更多的可能性，她选择走出体制内的世界，不断探索新的世界与生活。先是来到塑胶管行业做一名业务员，随后又去了电子厂，在这里所经历的繁重的工作任务与较长的工作时间锻炼出了她的坚韧心性。当时福建的华侨华人较多，其中女性大多是由于投资移民、工作或者陪读的原因来到东南亚的国家，在电子厂一次偶然的劳务派遣机会让她有了出国的打算，家人的支持让她更加坚定了自己的想法。

刚来到新加坡时，人生地不熟，再加上语言不通，所以找工作并没有那么顺利，等到逐渐稳定的时候，小孩的教育问题便成了不得不考虑的事情。长期与家人分居两地的林娟，对于小孩的家庭教育、学校选择方面有心无力，犹豫再三，在2004年3月决定回国将小孩接到新加坡，但是工作与家庭之间她也无法进行完全的平衡，所以在2004年11月份左右她开始筹划自己人生的第一次创新创业。她清楚地明白创新创业的艰难不仅仅只有语言沟通的不畅，但是为了有更多自由支配的时间来照顾家庭，她还是毅然选择与朋友从事建筑行业的创业活动。

二、创新创业几多愁，巾帼扫荡过

人生就像一场历练，而成功就是在这场历练中迈过的坎、渡过的海。创新创业初期，由于新加坡的人员配额规定以及自身的资金有限问题，只能提供人工安装服务，同时也因为公司的"核心产品"就是人，业务门槛较低，所以竞争相对激烈。此外，由于建筑行业本身工作风险较高，当地较少有人愿意从事这份工作，人员流失的风险较大，再加上合同条款以及当地的税收申报政策等都是英文，语言不通的他们也经常吃到苦头，所以创业初期问题重重。因为人员的问题，林娟都会在现场带领员工共同奋斗，并时常帮助他们解决生活上的困难，所以彼此之间建立了深厚的信任情感，早期一起打拼的员工也成了之后公司的骨干。关于语言不通的问题，对外业务她们选择招聘当地有学历、有知识、对政策较为熟悉的人员来处理。这些为企业后来的发展夯实了人才基础。随着资金的积累以及实战经验的丰富，自2012年起，林娟开始拓展业务和规模。于2015年在广东佛山设立工厂以专门为新加坡的项目提供材料，现在已经形成了"设计+生产+安装"的规范化体系。从一开始的人工安装到现在的包工包料，滚雪球式的发展扩大让林娟意识到不能再像创新创业初期那样仅凭一腔热血和一股干劲，而是应该更为规范地经营。但无论是幼师求学经历，还是工作经历都与现在企业的发展需求不相适应，知识的短板就这样摆在了眼前，所以她选择再次踏上求学之路。先是在新加坡取得了管理方面的大专文凭，随后又来到中国华侨大学攻读工商管理硕士。她在注重自身管理能力提高的同时也注重对员工的培养，利用新加坡对于人才培养6∶4的补贴政策（员工培训费用政府出资60%，企业出资40%），推动企业员工进行更加系统化的培训，从技术阶层到管理阶层的多层学习，达到协同进步。在这段创新创业经历中，她曾想过回国创新创业，也曾想过去马来西亚等国家设立分厂，但是新加坡严格的法律制度约束、较大的创新创业政策补贴力度以及当地脚踏实地的做事作风使她最终选择了新加坡，因为新加坡让她相信，脚踏实地、一步一个脚印是能够走出属于自己的一条路的。

现在公司各方面的运营机制都较为成熟，林女士觉得年轻一代的经营理念以及办事效率可以让自己逐渐放手，她希望给年轻人更多的机会，同时也希望给自己更多的可能性，让自己在不同的年龄阶段可以尝试不同的事情。谈到如何让公司的员工感受到家的温暖，林娟表示对于管理阶层的员工，一年一次探亲假，对于工人阶层的员工，两年一次探亲假，来回机票都由公司承担。同时公司每年都会举办年会，经常举行聚会，让大家在这里也能吃到美味可口的家乡菜，让公司传递出家的温暖，无形中凝聚员工们的心。

回顾林女士的创新创业经历，我们会觉得她所走的每条路像是通往不同的出口，看似彼此间没有什么联系，但是每一份工作都为她之后的创新创业奠定了基础。幼师的耐心、业务员的耐力以及改变一成不变的生活节奏的信念，都是她成功创新创业的助推剂。也许创新创业前，很多困难你都不会把它当作困难，但当它突然成为你的困难时，你就可能会因为各种压力放弃在这条创新创业的道路上继续前行。成功永远都不是一蹴而就的，而是在你决定去做这件事的时候，一点一滴地持续累积而成的。

桃李不言下自成蹊

初次见到咏晴时，是在她泉州的家里。家里布置得颇有闽南风情，咏晴也给人一种闽南女性的那种拼搏、干练的感觉。短发的她精气十足，她说："我这次特意回国参加我原来学生的婚礼！"笑容清爽大气，眼中散发出光芒，仿佛透过这双眼就能看到她这几十年异国经历所带给她的坚毅。事实正如此，施咏晴正是一位这样的女性，从18岁起就独自一人去新加坡闯荡，时间一晃就在他乡拼搏了32年有余。其间她帮助了百余名学生前往新加坡接受更好的教育，从稚嫩懵懂的小学生到意气风发的大学生，都在她的帮助下实现自己的求学梦，她是老师，也是她们的朋友。在新加坡她时时心系祖国，新型冠状病毒在中国肆虐时，她无时无刻不关心自己在中国的亲人与学生，也保护着在新加坡的学生，给寝室消毒、为学生分配口罩，她实施得井井有条，她希望尽可能为自己的学生多做一点，能为祖国尽一分力，就尽可能地尽好这一分力！这些学生信任她、支持她，就是对她这份事业最大的鼓励。在她心中这是一项助人助己的工作，也是一项可以证明自己价值的事业。对于这份20多年的教育工作，这一路的喜怒哀乐、酸甜苦辣，仅凭几行文字是无法表述的，咏晴身上有太多值得我们学习的地方。

一、少年无畏闯荡，他乡顽强奋斗

1965年新加坡独立，一直到1987年，中国到新加坡的旅游签证只提供给55岁以上的人，并且还需要交5000新币的保证金，1987年才开放政策。施咏晴正是第一批55岁以下的去新加坡工作的人之一，她的第一份工作是电子厂劳工。在当时被选去新加坡电子厂工作的人员要求也十分严格，不能近视、肝功能不好的也不行。而少年时代施咏晴因父母管教比较严格，她十分向往自由的生活，也因身体健康抓住了机遇，在新加坡签了两年的工作合约。1989年合约到期，她想要回国，施咏晴因工作尽心尽力被老板赏识，老板希望她留下，又续签了三年合约。1992年在电子厂工作的时候，为了证明自己的能力，不安于现状的她开始学习汉语拼音、电脑等课程。在回忆学习拼音的过程时，她说对于一个从小说惯了闽南话的人，学习拼音是一件很困难的事情，但她不想辜负自己的青春，也不想浪费大好年华，于是她选择咬牙坚持下来。就这样她参加了汉语水平的考试，并且获得了证书，也因为这样她开始接触教育行业，有了自己在新加坡第二份工作，从事幼师行业。关于学习，她认为：学习是一辈子的事情，只要有精力就要持续去学习，不要被时代抛弃。所以，在幼儿园任职时，她依旧一边工作一边学习，选择趁着年轻多去学习，于是她去读了服装课程。在当时，一同报名的还有其他三位朋友，但是最后只有她一个人读完这门课程并拿到结业证。这种永不停学的精神一直延续到现在，时过中年的她选择到华侨大学新加坡校区读MBA，她说："我读书是为了发现工作中的营销短板，也是为了激励我的学生们要好好读书，我都还在学习，他们更要努力才能对得起自己、对得起父母！"

二、赠他人玫瑰，成就自己的花海

送人玫瑰，手留余香，这句话不假，然而在咏晴的故事中就要变成"赠他人玫瑰，成就自己的花海"了。

幼儿园工作是她现在这份事业的起点。2000年还在幼儿园工作的她，一位朋友问她新加坡留学的事情，乐于助人的她利用业余时间帮友人询问，最后成功地帮助这位朋友的孩子前往新加坡留学。名声传了出去，于是有更多学生希望得到她的帮助前往新加坡留学，第一年她就无偿帮助了30多个学生，用她的原话说："以为在帮人，其实也是在帮自己，家长、学生也都变成了很好的朋友，积累了一定的人脉和信任基础（家长的信任）。每多一位学生，自己也多了一条路。帮助的人多了，也会帮助宣传出去，越来越多人来找我。咨询到办理的成功率很高，从公司成立到现在，没有花费任何广告宣传费用，都是家长的信任、口碑宣传。"

2014年她正式成立了自己的留学公司，从最开始她一个人忙碌，到后面聘请第一个助理，一直到现在公司9个职员。一直以来，施咏晴觉得以前都是被推着走，从来没做过广告，也没去做营销，都是靠口碑，她风趣地调侃自己说："我搞不好明天就会失业，我也不知道哪天就没有事情做了。"她发现留学服务需要更加专业化、规范化，也意识到团队的重要性，清楚自己在市场营销方面的短板，所以就选择继续攻读华侨大学工商管理学院市场方向的MBA。对于这份事业的成功，她表示创新创业成功与小时候的经历有关，想要证明自己是个有用的人，渴望得到人家的信任。

关于这份职业，她表示，现在国内部分家长对学校教育不满意或者希望孩子留学新加坡给自己的孩子换个教育环境，缓解一下压力；也有的是想借助新加坡的教育作为一个契机，以后可以去其他国家高等学府学习，大多数家长是希望通过新加坡留学让孩子的整体素质、修养得到提高。

她也希望帮助更多的学生，希望新加坡的每个角落都有自己播种下的花朵，不论学生毕业后是选择继续留在新加坡还是回国，她都会将学生当成自己的亲人对待，正如这次采访，就是趁她从新加坡回国参加自己学生的婚礼之时。她经常鼓励她的学生："新加坡是一个平等的国家，语言上听和说也并不存在障碍。"她劝学生说，来到新加坡了就要努力学习。为了照顾一些学生的学习，她还特意把自己的家改为学生们的宿舍，用心帮助每一个学生。每到新年、中秋等节日，她都会在自己的家里举办聚会，邀请已经毕业的留在新加坡工作的学生和正在新加坡读书的学生一起到家中玩，她说："我举办这个聚会，不要他们出钱的，我和我的同事一起装饰，去买食物，我就是想让他们在他乡还可以感受中国的味道。"

与咏晴的交谈中，可以明显感受到她为人的严谨与大气，还有她的热情，以及她对待每个学生一视同仁、视如己出的敬业之情。因为她的无私帮助，造就了她今天的成功，正如做成中国结的那一根红绳，串起了无数学生的新加坡故事，每一位得到帮助的同学就像是一个结点，一个结点又引导了下一个结点的产生，就这样，这个中国结在新加坡越来越大，最后真心地祝福咏晴这个中国结可以覆盖这个花园城市的每个角落！

人生的精彩

通过与他人交谈，我听闻了杨欢的一些事迹，知她是一个大胆而又不安于现状的女人。怀着敬畏的心情我们连线了杨欢女士，对她精彩的人生进行了详细的采访。杨欢自称是一个平凡的女人，但她作的决定、过的生活都是很多人想都不敢想的。她值得这样精彩的人生。

一、旁人眼中的安逸，我眼中的不甘

杨欢从小就是父母口中"别人家的孩子"，高中毕业后顺利进入银行工作，职场上顺风顺水到了预备副科，收入稳定，生活安稳。在同龄人中她算得上安逸富足，这份稳定的背后是杨欢的不甘心。偶然间一条消息改变了她的人生轨迹，一天下午，她在家乡报纸上看到新加坡的教育会，当时孩子六岁，马上面临上学受教育的问题，这引起了她的关注，便进行了深入了解。她发现妈妈和孩子可以一同去新加坡，边打工边陪读。杨欢认为这是个不错的机会，所以决定带上孩子来新加坡求学。这个决定并没有被身边人支持，家人并不能理解为什么要放弃国内稳定的生活去国外打拼。但她认为孩子的教育问题更加重要，加上对自己的能力也有足够的自信，想要尝试另一种生活，于是杨欢不顾家人的反对带着孩子踏上了新加坡的土地，开启了未知的生活。

二、未知的生活，无限的可能

离开原来的生活环境，来到新加坡一切从头开始，在追寻自我的过程中还要照顾好孩子的生活。事情比预想的还要顺利，来到新加坡不到一个月，杨欢就找到了一份厨具贸易公司的工作。当然语言是最大的问题，好在公司的业务分为英文区和华文区，杨欢在华文区的工作如鱼得水，也得到了领导的赏识。华侨华人在新加坡也有类似互助会的组织，其在人脉上的沟通与帮助，也让杨欢在新加坡的生活有了些许的依靠。新加坡温润的气候与丰富的食物是杨欢非常喜欢的，她告诉我们留下来最重要的原因是她觉得新加坡生活的性价比非常高，收入与消费的比例要比国内大得多，生活压力小得多，正是她向往的生活。

杨欢内心有着自己的坚持与热爱，一旦面临不如意的局面，她不会妥协，而是努力改变。在贸易公司的这两年中，她主要做培训工作，每天要进行大量交谈，不安于现状的她又作出了一个大胆的决定，在2003年再一次辞去工作。杨欢从小学习画画，经常获奖，她决定去上化妆培训课，想将来通过给新娘化妆来挣钱，找一份需要靠手艺而不用大量讲话的工作。杨欢在学习的过程中就表现了突出的能力，一年才能毕业的课程杨欢半年就完成了，还被邀请留校任教，开启了边做学生边讲课的生活，也是因为这个机缘她走入了美容的行业。

将近两年的学习与任教使杨欢对于新加坡的美容行业有了深入的了解，也有了自身的见解。在一片红海之中，杨欢发现人们对美容的需求正在逐渐扩大，而当地的美容行业仍处于起步阶段。杨欢将所积攒的资金投资于美容行业，开了一家属于自己的美容后。

三、足够的韧劲，花不完的力气

创新创业之初，杨欢迎来了第一大难题：人才招聘困难。美容业在当时为蓝海领域，相关的人才也正处于培养过程中，成熟的美容技师极度缺乏，考虑到技术人员培养和人才流失成本的问题，杨欢选择培养自己的亲人和子女一起工作，大大降低了成本。在人才培训之际，越来越多的资金正流入美容业，美容业的竞争越来越激烈，这成为杨欢还未立足就迎来的第二大难题。衡量再三，放弃大目标转战精细化经营，杨欢很清楚自己的竞争优势，那就是服务，她告诉我们，也许顾客可以在别的店享受到一样效果的产品，但绝对不会有更好的服务。她真心地对待每一位顾客，从价格、情感等方面为顾客着想，得到了当地人的青睐，90%的顾客都是新加坡人，完全没有因为她是华人而影响到业务。由于美容业需求的复杂特征，杨欢决定通过顾客需求定制产品，为顾客提供定制化服务，这种定制化服务和产品广受消费者喜爱。杨欢的创新创业梦想正在一步步实现。起初杨欢打造多元化的经营，面部护理、美甲、培训都有涉及，随着行业的发展与经验的摸索，目前专攻脸部，只要是脸部的问题都在杨欢的经营范围，只针对女性顾客，砍掉横向业务，纵向发展，精细化经营，没有做大的想法，只想做到小而精。在她看来，自己创新创业成功的关键是找到了自己的兴趣所在，做喜欢的事情有足够的韧劲，有花不完的力气。

目前杨欢事业趋于稳定，有稳定的客源、良好的口碑，在美容行业能够稳定经营这么多年实属不易，也得到了父母的理解与认可，把亲人接到了新加坡生活。当我们问到还有没有回国意愿的时候，杨欢告诉我们："暂时没有，毕竟已经漂泊过一次了，不想再漂了，加上国内没有什么亲人了，目前的生活还算安稳，可能就扎根新加坡了，但平时会紧跟国内的节日，端午节吃粽子、中秋节吃月饼、冬至吃饺子，中国的文化不会丢，尽管在新加坡还是有一颗炽热的中国心。"

　　采访的整个过程贯穿着杨欢爽朗的笑声，好像来新加坡后的一切都是那么顺利，从未说起这其中的困难。但我们知道事情一定不是一帆风顺的，是她的乐观战胜了这一切，不会被眼前的困难所打倒，也不会因为当下的安逸而停止前进。女性早已不再是那个"男尊女卑"时代下的家庭主妇，越来越多的女性走上创新创业舞台，女性创新创业者不仅成为新时代推动创新型经济增长的重要力量，同时也体现了女性的独立，对于实现自我价值的一种渴望，而杨欢的经历就是独立创新创业女性的典型缩影。

附 录

附录一　访谈提纲

案例访谈大纲

● 人物背景

1. 人物简介（祖籍、家庭环境、父母职业等【涉及未来创新创业动机】）

2. 出国机缘

3. 成长、教育、职业

4. 现代东南亚华侨华人（女性）移民群体（区域性、留学、偷渡等）

5. 现代东南亚华侨华人（女性）现状（职业、教育等）

● 创业历程（访问这部分之前对访问对象的企业所在行业进行调查了解）

1. 创新创业动机（为什么创业、为什么选择这个行业）

2. 创新创业资金

3. 行业状况

4. 管理模式与商业模型

5. 企业发展所遇到的问题与机遇

● 侨乡情节（开放访谈）

1. 与家乡的羁绊

2. 侨乡社团

3. 寻根之旅

4. 家乡味道

5. 文化传承（节日、习俗等）

访谈问题设计

● 生活

1. 您是什么机缘来到这个国家？

2. 您身边的华侨华人女性为什么来到这个国家并选择留下？

3. 女性华侨华人在当地接受的教育的质量和体系怎么样？是否有国家支持政策：如义务教育等？子女教育的家庭观念怎么样？

● 创业

1. 您当初是因为什么选择创新创业？在此之前您做过什么职业？

2. 您是如何获得第一笔创业资金的？

3. 为什么选择这个行业？行业现状如何？

4. 企业经营过程中，遇到过什么难题，是如何解决的？

5. 聊聊您企业的经营模式与管理模式？人才招聘是否有困难？

6. 相对男性，您认为女性创新创业的难点与优势有哪些？相对于当地居民，创新创业的难点与优势有哪些？国家是否有政策支持？

7. 此次创新创业的成功，您觉得主要因素有哪些？

● 故乡

1. 您的故乡是?

2. 您多长时间回一次国? 多数是什么原因回来?

3. 您觉得中华传统文化是否能够在华侨华人中传承下去? 您还保留中华习俗吗?

4. 就创业来说，您是否考虑过回国发展?

附录二　问　卷

东南亚华侨华人女性发展研究——基于创业视角

　　您好，我们正在完成从创业的视角研究华侨华人女性的发展的课题，需要得到您的支持。本次问卷采用匿名调查的方式，您填写的所有信息我们都将严格保密，并且仅作为学术研究之用。任何问题的回答均无好坏、对错之分，请您以自己的第一印象作答，谢谢您的合作，再次感谢大家为本课题研究所提供的帮助。

　　本调查仅面向有过创新创业经验的东南亚华侨华人女性（创业经验即有过开店创业、创建公司、连锁加盟等），以下题项是有关您个人基本信息的描述，请您根据您的真实情况进行选择。

1. 您的年龄段：［单选题］*

　　○ 18岁以下　　　　○ 18—25岁　　　　○ 26-40岁

　　○ 31—50岁　　　　○ 41—60岁　　　　○ 51—60岁

　　○ 60岁以上

2. 您首次创业的年龄：［单选题］*

　　○ 18岁以下　　　　○ 18—25岁　　　　○ 26—40岁

　　○ 31—50岁　　　　○ 41—60岁　　　　○ 51—60岁

　　○ 60岁以上

3. 您的教育背景 [单选题] *

　　○ 大专及以下　　　○ 本科　　　○ 硕士　　　○ 博士

4. 在本次调查前，您的创业经验有 [单选题] *

　　○ 0次　　　　　○ 1次　　　　　○ 2次及以上

5. 您目前创业的领域：[单选题] *

　　○ IT/软硬件服务/电子商务/因特网运营

　　○ 制造业

　　○ 餐饮/娱乐/旅游/酒店/生活服务

　　○ 广告/公关/媒体/艺术

　　○ 出版/印刷/包装

　　○ 房地产开发/建筑工程/装潢/设计

　　○ 中介/咨询/猎头/认证

　　○ 农业/渔业/林业

　　○ 其他行业

6. 您的专业背景和您现在创业项目的相关程度 [单选题] *

　　○ 非常不相关

　　○ 比较不相关

　　○ 一般相关

　　○ 比较相关

　　○ 非常相关

7. 公司的经营规模在同行中属于 [单选题] *

　　○ 小型　　　　　○ 偏小型

　　○ 中等型　　　　○ 偏大型　　　　　○ 大型

8. 您现在的创新创业阶段［单选题］*

　　○ 初创期　　　　○ 成长期

　　○ 成熟期　　　　○ 上市期

9. 是否为华侨华人［单选题］*

　　○ 是

　　○ 否

创新创业背景相关调查

针对下列每一个陈述，请您根据个人的实际情况或您对这个观点的认同程度，选择相应的数字，这些数字代表的含义如下：

1=非常不符合　　2=比较不符合　　3=符合　　4=比较符合　　5=非常符合

10. 国家层面［矩阵量表题］*

	1	2	3	4	5
国家政策支持鼓励女性创业	○	○	○	○	○
现有市场经济体系的完善为女性创业创造了条件	○	○	○	○	○
公平竞争环境的营造和改善为女性提供了良好的竞争环境	○	○	○	○	○
国家文化环境鼓励女性创业	○	○	○	○	○
有关创业的相关法律完善	○	○	○	○	○

11. 政府层面［矩阵量表题］*

	1	2	3	4	5
政府的创业扶持政策（如创业交流平台）	○	○	○	○	○
政府为女性创业者提供创业教育	○	○	○	○	○
政府提供财政补助	○	○	○	○	○
政府提供税收服务	○	○	○	○	○
政府部门的办事效率	○	○	○	○	○
政府对创业新政策的执行力度	○	○	○	○	○
政府支持创业的政策稳定	○	○	○	○	○
政府提供创业相关的商业信息	○	○	○	○	○

12. 社会层面［矩阵量表题］*

	1	2	3	4	5
女性受教育程度的提高和重男轻女思想的转变	○	○	○	○	○
新闻媒体、教育系统对女性创业的关注和支持	○	○	○	○	○
人们对创业态度的转变	○	○	○	○	○
通信设施、交通设施的普及和完善	○	○	○	○	○
能提供充足高素质的专业人才	○	○	○	○	○

续 表

所需人力资源的成本合理	○	○	○	○	○
与科研机构、高校合作紧密，能快速接触相关的资源	○	○	○	○	○
能提供充足的融资渠道	○	○	○	○	○
能够以合理的成本和速度获得所需的原材料	○	○	○	○	○
有充足的高质量中介服务机构	○	○	○	○	○
中介机构提供的成本合理	○	○	○	○	○
供应者的信息沟通顺畅无障碍	○	○	○	○	○

13. 家庭层面［矩阵量表题］*

	1	2	3	4	5
能进行良好且有效的沟通	○	○	○	○	○
有良好的创业环境	○	○	○	○	○
能提供充足的创业资金	○	○	○	○	○
在情感上支持创业	○	○	○	○	○
能很好处理创业理念冲突	○	○	○	○	○
能解决创业中产生的情感冲突	○	○	○	○	○

14. 创新创业动机［矩阵量表题］*

	1	2	3	4	5
生活所需的经济来源	○	○	○	○	○
使收入获得增长	○	○	○	○	○
给自己/家庭未来增加保障	○	○	○	○	○
通过创业避免就业压力	○	○	○	○	○
找不到满意的工作	○	○	○	○	○
能够成为自己的老板	○	○	○	○	○
能够自己选择雇员	○	○	○	○	○
为了挑战自己	○	○	○	○	○
希望自己的能力获得认可	○	○	○	○	○
为了自身的成长	○	○	○	○	○
为了追求个人自由	○	○	○	○	○

15. 贵公司由于错误的财务决策而陷入了财务困境，现有两种方案可以度过财务危机，您更倾向于选择：［单选题］*

○ 30天以后有90%的可能性度过财务危机，但公司资产将会严重受损，资产总额仅存现在的50%，另有10%的可能性公司将要面临破产重组

○ 30天以后有40%的可能性度过财务危机，并且公司资产只会受到少量损失，可以保留现有资产的90%，但同时有60%的可能性公司将会面临破产重组

16. 贵公司原市场总监离职，现有两名合适求职者前来应聘，您更倾向于选择以下哪位成为公司新的市场总监？［单选题］*

○ 甲某，在某大型国企任职10年，期间该公司市场份额保持平稳

○ 乙某，在某外企有3年任职经验，担任市场总监时期，该公司市场份额持续上升，但盈利水平一般

17. 贵公司持有价值50万的其他企业股票，您更愿意在以下哪种情况下卖掉股票［单选题］*

○ 有10%的可能性股票价格将会上涨，若股票价格上涨则可净赚10万元，同时有10%的可能性股票价格将会下降，若股票价格下降则会亏损10万元

○ 有10%的可能性股票价格将会上涨，若股票价格上涨则可净赚30万元，同时有10%的可能性股票价格将会下降，若股票价格下降则会亏损30万元

18. 由于事先项目调研不够严谨，贵公司已经投入500万元的某项目有很大可能性面临亏损，在此情况下，您更倾向于选择［单选题］*

○ 第一时间出售该项目，最高售价200万元，最终净亏损300万元

○ 再投入300万元将项目盘活，可能最终净亏损800万元，也可能实现净收入500万元

19. 由于汇率动荡导致公司的海外投资项目可能面临亏损，也可能存在盈利，面对以下两个方案，您更倾向于选择：［单选题］*

○ 预期有50%的可能性损失10万元，50%的可能性盈利10万元

○ 预期有50%的可能性损失30万元，50%的可能性盈利30万元

20. 贵公司曾经花费500万元购买甲公司公开发行债券，现甲公司宣布公司经营状况不佳，现金流断裂，无法偿付最新一期的应付利息，同时提出了两种解决方案，您更倾向于选择［单选题］*

○ 将现有甲公司债券折价出售，预期亏损300万元

○ 出借100万元予以甲公司盘活现金流，有50%可能性收回合计600万的本金，同时获利200万元，同时有50%的可能性净亏损600万元

21. 贵公司面临竞争对手不择手段抢占市场，企业需要投入大量资金进行价格战，否则将面临市场份额流失、市场地位下降的局面，现有两种方案可能面临的情况如下［单选题］*

○ 投入1亿元，有50%的可能性市场份额上升3%，有50%的可能性市场份额下降5%

○ 投入10亿元，有50%的可能性市场份额上升10%，有50%的可能性公司元气大伤，市场份额下降20%

22. 由于行业科技的发展，贵公司必须在新产品的研究开发上投入大量资金才能紧跟行业的更新换代，但投入太多的研发资金可能对企业当下的经营造成负担，在此情况下，您会选择［单选题］*

○ 投入1000万元对现有产品进行小幅提升，有70%的可能性在第二年获得价值50万元的回报，有30%的可能性净亏损1000万元

○ 投入1亿元开发新产品，有50%的可能性两年后能将新产品投入市场，公司预计实现净收益500万，有50%的可能性净亏损1亿元

23. 假设某企业起诉贵公司侵犯该企业的专利权，贵公司可以选择庭外和解或者法院判决，庭外和解和法院判决可能面临的结果如下［单选题］*

○ 贵公司选择庭外和解，赔付某企业50万元

○ 贵公司选择法院判决，有50%的可能性需要赔付100万元，50%的可能性无须赔付任何款项，只需支付少额的诉讼费用

创新创业绩效现状，请您根据个人的实际情况或您对这个观点的认同程度，选择相应的数字，这些数字代表的含义如下：

1＝非常不符合　　2＝比较不符合　　3＝一般　　4＝比较符合　　5＝非常符合

24. 财务绩效［矩阵量表题］*

	1	2	3	4	5
企业与同行业其他企业相比有更强的盈利能力（如销售利润增长率）	○	○	○	○	○
企业与同行业其他企业相比有更强的偿债能力（如资产负债率）	○	○	○	○	○
企业与同行业其他企业相比有更强的抗风险能力（抗经营和财务风险）	○	○	○	○	○

25. 非财务绩效［矩阵量表题］*

	1	2	3	4	5
本企业产品与同行业其他产品相比有更高的市场占有率	○	○	○	○	○
本企业产品与同行业其他产品相比有更高的顾客满意度	○	○	○	○	○
本企业产品与同行业其他产品相比有成功率	○	○	○	○	○

26. 本问卷至此结束，请检查填写有无遗漏，谢谢您的填写和对研究工作的热心帮助！［填空题］

参考文献

1. 朱国宏. 中国国际移民微探[J]. 中国人口科学. 1994（03）.

2. 邱普燕. 17至20世纪初印支华侨社会的形成与发展[J]. 世界民族，2011（05）.

3. 赵和曼. 近年来对我国华侨史的研究[J]. 八桂侨史，1987（01）.

4. 温广益. 华侨、华人的含义及华侨史的分期[J]. 广州研究，1985（02）.

5. Bandura A. Social Learning Theory[J]. Scotts Valley, California, ReCAPP, 1977, 1(01): 33-52.

6. Bandura A.Social Foundations of Thought and Action: A Social Cognitive Theory[J]. Journal of Applied Psychology, 1986, 12(01): 169.

7. Priya N. Information Seeking and Social Support in Online Health Communities: Impact on Patients'Perceived Empathy[J]. J Am Med Inform Assoc,(03):298-304.

8. 范若兰. 近代中国女性人口的国际迁移（1860—1949年）[J]. 海交史研究. 2002（01）.

9. 施雪琴. 全球化视野下的女性跨国流动——以1978年以来中国女性迁移东南亚为中心[J]. 南洋问题研究. 2009（01）.

10. 福建省档案馆，编. 福建华侨档案史料（下）[Z]. 北京：档案出版社，1990.

11. 晓照. 一个值得开拓的园地——谈华侨华人妇女问题的研究[J]. 八桂侨史, 1992（01）.

12. 谢晋宇. 当代发展中国家女性迁移研究[J]. 世界经济与政治论坛, 1995（05）.

13. 巴素, 著. 东南亚之华侨[M]. 郭湘章, 译, 台湾: 正中书局, 1974.

14. 郑良树. 马来西亚华文教育发展史[M]. 马来西亚华校教师会总会, 2003.

15. 曹文君, 化前珍, 刘亚楠. 社区老年慢性病患者的社会支持、一般自我效能与主观幸福感的相关性[J]. 中国老年学杂志, 2018, 38（14）.

16. 臧金亮, 张向前. 新时代华侨华人与中国经济发展动力变革战略研究[J]. 特区经济, 2019（09）.

17. 张冬冬. 华侨华人：构建人类命运共同体的独特力量[J]. 人民论坛, 2018（17）: 136-137.

18. 费涓洪. 女性创业特征素描——上海私营企业30位女性业主的个案调查[J]. 社会, 2004（08）.

19. 杨隽萍, 宋猛, 肖梦云. 基于认知视角的创业动机研究[J]. 经营与管理, 2017（07）: 54-57.

20. 丁明磊, 刘秉镰. 创业研究：从特质观到认知观的理论溯源与研究方向[J]. 现代管理科学, 2009（08）: 20-22.

21. Cobb, Sidney. Social Support as a Moderator of Life Stress[J]. Psychosomatic Medicine, 1976, 38(05): 300-314.

22. 闫燕, 富立友. 海归知识员工社会支持维度的探析——基于社会支持理论[J]. 中国经贸导刊, 2015（17）: 40-42.

23. 鲁喜凤, 郭海. 机会创新性、资源整合与新企业绩效关系[J]. 北京: 经济管理, 2018（10）: 44-57.

24. 肖梦洁. 留守儿童社会支持、心理弹性、社会适应现状及其关系研究[D]. 广西师范大学，2015.

25. 宋剑祥. 从人才招聘视角看职业性向理论的应用[J]. 湖北职业技术学院学报，2013，16（02）：88-93.

26. 晋铭铭，罗迅. 马斯洛需求层次理论浅析[J]. 管理观察，2019（16）：77-79.

27. 张强. 基于马斯洛需求理论的员工激励机制再思考[J]. 人力资源管理，2016（12）：128-129.

28. 孟庆涛. 马斯洛需求层次理论在本科教育中的应用研究[J]. 包装世界，2017（06）：92-93；95.

29. 刘璐.《夜色温柔》中迪克堕落旳马斯洛需求层次理论分析[D]. 中国海洋大学，2015.

30. 段锦云，王朋，朱月龙. 创业动机研究：概念结构、影响因素和理论模型[J]. 心理科学进展，2012，20（05）：698-704.

31. 曾照英，王重鸣. 关于我国创业者创业动机的调查分析[J]. 科技管理研究，2009，29（09）：285-287.

32. Baum J R, Locke E A. The Relationship of Entrepreneurial Traits, Skill, and Motivation to Subsequent Venture Growth[J]. Journal of Applied Psychology, 2004, 89(04): 587.

33. 金瑾. 基于创业动机的中国女性创业模式研究[D]. 合肥工业大学，2010.

34. 童亮，陈劲. 女企业家的创业动机研究[J]. 中国地质大学学报（社会科学版），2004（04）：17-21.

35. 刘先迪. 女性创业者创业动机与创业绩效关系研究[D]. 首都经济贸易大学，2018.

36. 吕亚军. 当代越南女企业家群体的现状分析[J]. 广西大学学报（哲学社会科学版），2012，34（C1）：109-113.

37. 许秀瑞，田善武. 创业绩效研究述评[J]. 价值工程，2017，36（16）：34-35.

38. 刘文，王建中. 创业绩效理论研究综述[J]. 中国市场，2012（05）：12-13；25.

39. 池仁勇，虞晓芬，李正卫. 我国东西部地区技术创新效率差异及其原因分析[J]. 中国软科学. 2004（08）.

40. 王华锋，李生校，窦军生. 创业失败、失败学习和新创企业绩效[J]. 科研管理，2017（04）.

41. 郝勇. 多元视角下女性创业的机遇、挑战与对策[J]. 山东女子学院学报，2019（04）.

42. 陈燕妮. 近10年国外女性创业研究回顾[J]. 妇女研究论丛，2012，114（06）.

43. 胡怀敏. 我国女性创业及影响因素研究[D]. 华中科技大学，2007.

44. 葛宝山，陈沛光，罗伯特·西斯瑞克. 基于文献分析法的女性创业研究[J]. 情报科学，2012，30（04）：613-615；636.

45. 赵晓虹. 女性创业者特性与企业绩效关系的实证研究[D]. 延边大学，2012.

46. 谢雅萍，周芳，黄美娇. 女性创业绩效影响因素：基于4P+1F的研究框架[J]. 广西大学学报（哲学社会科学版），2013，35（05）：37-45.

47. 文亮，李海珍. 中小企业创业环境与创业绩效关系的实证研究[J]. 系统工程，2010，28（10）：67-74.

48. 赵景峰，王延荣. 高新技术企业创新文化特征与创业绩效关系实证研究[J]. 管理世界，2011（12）：184-185.

49. 肖勇军，段丽. 科技园区创业环境对创业绩效影响的实证研究[J]. 系统工程，2012，30（06）：111-116.

50. 石庆华，赵晓虹. 基于环境作用下女性创业者行为与企业绩效关系的实证研究[J]. 东疆学刊，2012，29（04）：90-94.

51. 贺小刚. 企业家能力与企业成长：一个能力理论的拓展模型[J]. 科技进步与对策，2006（09）：45-48.

52. 谢觉萍，屠凤娜，王云峰. 国外女性创业文献研究与创业过程模型的构建[J]. 管理现代化，2016，36（02）：116-119.

53. Shane S, Venkataraman S. The Promise of Entrepreneurship as a Field of Research[J]. Academy of Management Review, 2000, 25(1): 217-226.

54. Kuratko D.F., Hornsby J.S., & Naffziger D.W. An Examination of Owner's Goals in Sustaining Entrepreneurship[J]. Journal of Small Business Management, 1997, 35(1): 24.

55. 胡华，褚俊虹，梁巧转. 女性企业家创业的内部动因及其对管理风格的影响[J]. 科技与管理，2002，16（04）：139-141.

56. 莫寰，黄小军，杨建锋. 女性创业动机的演化博弈模型[J]. 广州大学学报（社会科学版），2009（12）：34-40.

57. Aldrich H E, Pfeffer J. Environments of Organizations[J]. Annual Review of Sociology, 1976: 79-105.

58. Child, J. Organizational Structure, Environment and Performance: The Role of Strategic Choice[J]. Sociology, 1972, 6(01): 1-22.

59. 段云龙，张新启，刘永松，等. 创新型企业经营过程战略风险决策研究述评[J]. 华东经济管理，2017（07）：158-165.

60. 陈琪，金康伟. 创业环境问题研究述评[J]. 浙江师范大学学报（社会科学版），2008（05）：110-114.

61. 张明妍. 解读《2015/16 全球创业观察》报告——不同发展阶段国家创业现状分析[J]. 全球科技经济瞭望，2017，32（03）：68-76.

62. 王鉴忠，秦剑，陆岚等. 全球创业观察（GEM）项目研究回顾与展望[J]. 辽宁大学学报（哲学社会科学版），2017（05）：71-82.

63. James Francis Warren. Ah Ku and Karayuki-san: Prostitution in Singapore 1870-1940[M]. Singapore Oxford University Press, 1993.

64. Christine Inglis. The Feminization of the Teaching Profession in Singapore[C]. By Lonore Manderson.Women's work and Women's Roles: Economics and Everyday live in Indonesia, Malaysia and Singapore. The Australian National University, 1983.

65. Benzing, Cynthia, Chu, Hung M. Acomparison of the Motivations of Small Busin Ess Owners in Africa[J]. Journal of Small Business & Enterprise Development, 16(01): 60–77.

66. Speer D, Jackson G, Stewart K, et al.. The Space Technology 5 Avionics System[M] // The Space Technology 5 Avionics System. 2004.

67. Duncan, Robert. Characteristics of Perceived Environments and Perceived Environmental Uncertainty[J]. Administrative Science Quarterly, 1972.

68. Austin J, Stevenson H, Wei-Skillern J. Social and Commercial Entrepreneurship: Same, Different, or Both?[J]. Entrepreneurship Theory & Practice, 2006, 30(01): 370–384.

69. Bardasi E, Sabarwal S, Terrell K. How do Female Entrepreneurs Perform? Evidence from Three Developing Regions[J]. Small Business Economics, 2011, 37(04): 417.

70. Wu Z, Chua J H. Second-Order Gender Effects: The Case of U.S. Small Business Borrowing Cost*[J]. Entrepreneurship Theory & Practice, 2012, 36(03): 443–463.

71. Brana S. Microcredit: an Answer to the Gender Problem in Funding?[J]. Small Business Economics, 2013, 40(01): 87–100.

72. Ferguson F E, Durup M J R. Work-Family Conflict and Entrepreneurial Women: A Literature Review[J]. Journal of Small Business & Entrepreneurship,

1998, 15(01): 30–51.

73. Aldrich H E, Cliff J E. The Pervasive Effects of Family on Entrepreneurship: Toward a Family Embeddedness Perspective[J]. Journal of Business Venturing, 2003, 18(05): 573–596.

74. Collins-Dodd C, Gordon I M, Smart C. Further Evidence on the Role of Gender in Financial Performance[J]. Journal of Small Business Management, 2004, 42(04): 395 – 417.

75. Kirkwood J, Tootell B. Is Entrepreneurship the Answer to Achieving Work-family Balance?[J]. Journal of Management & Organization, 2008, 14(03): 285–302.

76. Chandler G N, Lyon D W. Entrepreneurial Teams in New Ventures: Composition, Turnover, and Performance[J]. Academy of Management Annual Meeting Proceedings, 2001, 2001(01): A1–A6.

77. Jin L, Madison K, Kraiczy N D, et al. Entrepreneurial Team Composition Characteristics and New Venture Performance: A Meta-Analysis[J]. Entrepreneurship Theory & Practice, 2017, 41(05): 10266.

78. Djankov S, Porta R L, Lopez-De-Silanes F, et al. Disclosure by Politicians[J]. American Economic Journal Applied Economics, 2010, 2(02): 179–209.

79. Jayawarna D, Rouse J, Kitching J. Entrepreneur Motivations and Life Course[J]. International Small Business Journal, 2013, 31(01): 34–56.

80. Barba-Sánchez V, Atienza-Sahuquillo C. Entrepreneurial Motivation and Self-employment: Evidence from Expectancy Theory[J]. International Entrepreneurship & Management Journal, 2017, 13(04): 1–19.

81. Kuratko D F, Hornsby J S, Naffziger D W. An Examination of wner's Goals in Sustaining Entrepreneurship[J]. Journal of Small Business Management, 1997, 35(01): 24.

82. Robichaud Y, Mcgraw E, Roger A. Toward the Development of a

Measuring Instrument for Entrepreneurial Motivation[J]. Journal of Developmental, 2001, 6(02): 189–201.

83. Stewart K S. The Relationship Between Strategic Planning and Growth in Small Businesses[J]. Unpublished phd Dissertation, 2004.

84. 新加坡国际企业发展局（IE Singapore）. http：//www.iesingapore.com.

85. 投资额将增至4000万元企业基金将惠及更多中小企业[N].（新加坡）联合早报，2007-03-30.

86. 新加坡标准、生产力和创新局网站. http//www.spring.gov.sg/enterpriseindustry/pages/overview.aspx.

87. 新加坡新闻与艺术部. 新加坡年鉴2000[M]. 新加坡《联合早报》出版，2000：134.

88. 王铭铭. 地方政治与传统的再创造——福建溪村祠堂议事活动的考察[J]. 民俗研究，1999（04）：12-30.

89. 宋平. 传统宗族与跨国社会实践[J]. 文史哲，2005（05）:88-96.

90. 陈进国. 中华信仰版图的建构与民间信仰形态的发展[M]//金泽，邱永辉，主编. 宗教蓝皮书·中国宗教报告（2013）北京：社会科学文献出版社，2013.

91. 范正义. 当前海外华人民间信仰跨地区交往和结盟现象研究[J]. 世界宗教文化，2014（01）.

92. 陈衍德. 菲律宾华人在中华文化传播中扮演的角色[J]. 海交史研究，2012（02）.

93. 郑一省. 印度尼西亚山口洋华人的元宵大游行探析[J]. 广西民族大学学报（哲学社会科学版），2014（01）.

94. 周宁. 东南亚华语戏剧史[M]. 厦门：厦门大学出版社，2007：5.

95. 张长虹. 移民族群艺术及其身份泰国潮剧研究[M]. 厦门：厦门大学出版社，2011.

96. 陈荣耀. 强国梦——儒家文化与现代商品文明[M]. 昆明：云南人民出版社，1994.

97. 陈为民，主编. 儒家伦理与现代企业精神的承接[M]. 北京：中国社会出版社，1997.

98. 林济. 论海外潮商家族文化的心理嬗变[J]. 华侨华人历史研究，1997（03）.

99. 梁英明. 东南亚华人研究——新世纪新视野[M]. 香港：香港社会科学出版社有限公司，2008.

100. 陈文寿，主编. 华侨华人的经济透视[M]. 香港：香港社会科学出版社，1999.

101. 龙登高. 跨越市场的障碍海外华商在国家、制度与文化之间[M]. 北京：科学出版社，2007.

102. 李国梁. 近年来华侨华人经济问题研究的进展和思考[J]. 暨南学报（哲学社会科学版），2002（01）.

103. 黄海德，张禹东，主编. 宗教与文化[M]. 北京：社会科学文献出版社，2005.

104. 马涛. 儒家传统与现代市场经济[M]. 上海：复旦大学出版社，2000：249.

105. 庄国土. 华侨华人与中国的关系[M]. 广州：广东高等教育出版社，2001.

106. 黄昆章，张应龙，主编. 华侨华人与中国侨乡的现代化[M]. 北京：中国华侨出版社，2003.

107. 柯群英. 重建祖乡新加坡华人在中国[M]. 香港：香港大学出版社，2013.

108. 陈衍德. 现代中的传统——菲律宾华人社会研究[M]. 厦门：厦门大学出版社，1998.

109. 丘立本. 从世界看华人[M]. 新加坡：南岛出版社，2000.

110. 周南京. 风雨同舟——东南亚与华人问题[M]. 北京：中国华侨出版社，1995.

111. 黄昆章. 从落叶归根到落地生根世界华人研究文集[M]. 广州：暨南大学出版社，1999.

112. 庄国土等. 二战以后东南亚华族社会地位的变化[M]. 厦门：厦门大学出版社，2003.

113. 曾少聪. 漂泊与根植当代东南亚华人族群关系研究[M]. 北京：中国社会科学出版社，2004.

114. 暨南大学华侨研究所. 华侨史论文集·第一集[C]. 广州暨南大学华侨研究所，1981：178.

115. 徐鼒. 小腆纪年附考[M]. 北京：中华书局，1957.

116. 朱杰勤. 中外关系史论文集[M]. 郑州：河南人民出版社，1980：9.

117. 刘芝田. 菲律宾华侨史话[M]. 台北：海外文库出版社，1958：27.

118. 关立勋. 中国文化杂说·中外交流卷[M]. 北京：燕山出版社，1997：245.

119. 于向东. 黎贵敦的著述及其学术思想[J]. 东南亚研究，1991（03）：32.

120. Drucker P F. People and Performance: The Best of Peter Drucker on Management[M]. Routledge, 1995.

121. Stevenson H H, Jarillo J C. A paradigm of entrepreneurship: Entrepreneurial management[M]. //Entrepreneurship. Springer, Berlin, Heidelberg, 2007: 155–170.

122. Timmons J A, Spinelli S,Tan Y. New Venture Creation: Entrepreneurship for the 21st Century[M]. New York: McGraw-Hill/Irwin, 2004.

123. Schumpeter J A, Fain G.Capitalisme, Socialisme et Démocratie[M]. Paris:

Payot, 1951.

124. 郁义鸿. 创业学[M]. 上海：复旦大学出版社，2000.

125. 林强，姜彦福，张健. 创业理论及其架构分析[J]. 经济研究，2001, 9（09）：85-94.

126. HORNSBYJS, KURATKODF, ZAHRASA. Middlemanagers'Perception of the Internal Environment for Corporate Entrepreneurship: As Sessinga Measurement Scale[J]. Journal of Business Venturing, 2002, 17(03): 253-273.

127. 彭一林. 创业活动在企业成长中的作用[J]. 科技创业月刊，2008, 21（10）：49-50.

128. 任荣伟. 动态环境下的内部创业行为与绩效研究——基于珠三角和长三角地区108家企业的问卷调研[J]. 技术经济与管理研究，2013（06）：27-33.

129. GARTNERWB. A Conceptual Framework for Describing the Phenomenon of New Venturecreation[J]. A Cademy of Management Review, 1985, 10(4): 696-706.

130. 苗莉. 基于企业内创业的企业持续成长研究[J]. 财经问题研究，2005（02）：68-74.

131. ANOKHINS, WINCENTJ, AUTIOE. Operationalizing Opportunities in Entrepreneurship Research: Use of Data Envelopment Analysis[J]. Small Business Economics, 2011, 37(01): 39-57.

132. 赵强. 我国创新创业环境现状及对策研究[J]. 时代金融，2017（12）：207-208.

133. 王国颖. 公司内创业：激励中层管理者的新思路[J]. 中国人力资源开发，2011（12）：22-25.

134. 蒋勤峰，王重鸣，日晓明. 基于内创业的组织内部创新机制设计[J]. 中国人力资源开发，2007（11）：31-34.

135. 葛玲英. 基于技术创新的组织内创业环境研究——以3M公司为例

[J]. 中小企业管理与科技（上旬刊），2009（11）：63-64.

136. 马浩. 内部创业亦可为[J]. 北大商业评论，2013（10）：74-83.

137. Burgelman R A. Managing the Internal Corporate Venturing Process[J]. Sloan Management Review, 1984, 25(02): 33-48.

138. NIELSENRP, PETERSMP, HISRICHRD. Intrapreneurship Strategy for Internal Markets Corporate, Nonprofit and Government Institution Cases[J]. Strategic Management Journal, 1985, 6(02): 181-189.

139. ZAHRASA. Predictors and Financial Outcomes of Corporate Entrepreneurship: An Exploratory Study[J]. Journal of Business Venturing, 1991, 6(04): 259-285.

140. SHARMAP, CHRISMANJJ. Toward are Conciliation of the Definitional Issues in the Field of Corporate Entrepreneurship[J]. Entrepreneurship Theory & Practice, 1999, 23(03): 83-103.

141. HISRICHR, PETERSM. Entrepreneurship[M]. 5 the d. New York: Mc GrawHill, 200: 2.

142. CHRISTIANR, PHILIPPK. Entrepreneurship and Organization Design[J]. European Economic Review, 2012, 56(04): 888-902.

143. 陈龙，梁锷. 企业内创业的内涵及其机制[J]. 企业改革与管理，2010（09）：25-26.

144. ANTONCICB, HISRICHRD. Intrapreneurship: Constructre Finement and Crosscultura lvalidation[J]. Journal of Business Venturing, 2001, 16(5): 495-527.

145. 张维迎. 从套利到创新：企业家与中国经济增长方式的转变[J]. 比较，2017（02）：218-239.

146. 周勇. 企业家如何从套利型转向创新型[J]. 宁波经济（财经视点），2016（03）：57.

147. 王浩. 创业环境评价方法研究[J]. 现代商贸工业，2012，24（10）：102-103.

148. 李乾文，张玉利. 内部创业环境中介效应的理论与实证研究[J].研究与发展管理，2009，21（01）：18.

149. 熊丽敏，张康光. 广东省科技人才创新创业环境建设研究[J]. 中国证券期货，2011（07）：75-76.

150. 黄春新，何志聪. 胜任力模型如何适用于高科技企业研发团队的管理[J]. 经济论坛，2004（08）：58-67.

151. Ardichvili A et al. A Theory of Entrepreneurial Opportunity Identification and Development[J]. Journal of Business Venturing, 2003, 18(01): 105-123.

152. 蔡莉，柳青. 新创企业资源整合过程模型[J]. 科学学与科学技术管理，2007（02）：95-102.

153. 林嵩，张帏，姜彦福. 创业机会的特征与新创企业的战略选择——基于中国创业企业案例的探索性研究[J]. 科学学研究，2006（02）：268-272.

154. 陈忠卫，雷红生. 创业团队内冲突、企业家精神与公司绩效关系[J]. 经济管理，2008（15）：47-52.

155. Chrisman J J, Bauerschmidt A, Hofer C W. The Determinants of New Venture Performance: An Extended Model[J]. Entrepreneurship Theory and Practice, 1998, 23.

156. Collins C J. Entrepreneurial Motivation[J]. Human Resource Management Review, 2003, 13(02): 257-279.

157. Gilad B, Levine P. A Behavioral Model of Entrepreneurial Supply[J]. Journal of Small Business Management, 1986, 24(04): 45-53.

158. 陈明，张姝骁. 女生创业者的创业动机对创业承诺的影响研究[J]. 当代财经，2016（12）：77-84.

159. Cooper A C.Challenges in Predicting New Firm Performance[J]. Journal of Business Venturing, 1993, 8(03): 241-253.